Der alte Ochsenweg

Carsten Dürkob

DER ALTE OCHSENWEG

Eine Spurensuche zwischen Flensburg und Wedel

BOYENS

ISBN 978-3-8042-1539-9

© 2021 by Boyens Buchverlag GmbH & Co. KG, Heide
Alle Rechte vorbehalten
Herstellung: Boyens Buchverlag
Layout und Gestaltung: Dörte Kromrei
Druck: BELTZ Bad Langensalza GmbH, Bad Langensalza
Printed in Germany

www.boyens-buchverlag.de

INHALT

Vorwort **7**

VON OCHSEN UND WEGEN **8**

Was die Cimbrische Halbinsel so besonders macht **8**
Wie alt ist der Weg? **11**
Erste schriftliche Erwähnung um 1075 . . . . **13**
Wo verlief *der* Weg? – Die Routen **14**
Wofür überhaupt der Weg? **15**
„… mehr als 50 000 Ochsen …" **17**

UNTERWEGS UM 1610 . . . . **20**

Streckenkarte **28**
Unterwegs im Grenzland – Sønderjylland **29**
Von Bommerlund in die Welt **31**
Flensburg: betriebsam und gelassen **36**
Im Grenzland der deutschen Seite **42**
Streckenkarte **48**
Deutsch-Dänisches, selten friedlich **54**
Streckenkarte **68**
Unbedingt: Ein Besuch in Schleswig **70**
Streckenkarte **80**
Zur Eider, dem ewigen Zankapfel **81**
Vom Eider- zum Nord-Ostsee-Kanal **91**

Von Rendsburg über die Dörfer **93**

    Streckenkarte **94**

    Streckenkarte **98**

    Streckenkarte **102**

Neumünster **103**

Verlorene Wege, versteckte Brücken **109**

    Wechselfälle eines Lebens: Wiebeke Kruse **121**

    Streckenkarte **122**

Von Bad Bramstedt in den Kreis Pinneberg **125**

    Was die „Landtafel" von 1588 erzählt **126**

    Wo die Bäume zur Schule gehen **137**

Von Jevenstedt nach Itzehoe: die westliche Route **138**

    Streckenkarte **142**

    Streckenkarte **146**

Von Itzehoe an die Elbe **147**

    Streckenkarte **156**

    Ausflug in die Marsch **157**

„… an einem sehr gesunden vnd lustigen Orte …" **162**

    Streckenkarte **164**

Literaturhinweise **167**

Bildnachweis **171**

Vielfachen Dank … **171**

Ortsregister **172**

Autorenvita **176**

VORWORT

MIT dem Bau der ersten befestigten Chausseen und der zügigen Erweiterung des Schienennetzes verschwand im Laufe des 19. Jahrhunderts in Schleswig-Holstein still und leise ein Weg, weil er nicht mehr genutzt wurde. Mancherorts breit, anderenorts eher schmal, mal auf festem, mal über sandigen Boden wand er sich von Nord nach Süd durchs Land. Bis in die 1820er Jahre hinein hatte dieser Ochsenweg jahrhundertelang eine hohe wirtschaftliche und kulturelle Bedeutung für die Orte, durch die er führte, und auch für einen breiten Streifen Landes und dessen Bewohner links und rechts des Weges: er war eine Lebensader für Zehntausende.

Hinweise auf diesen Weg finden wir entlang der Linie Flensburg – Rendsburg – Bad Bramstedt – Wedel überall, allerdings ohne dass wir sie heute immer mit dem Weg in Verbindung bringen würden. Doch manche Ortschaft und manche Brücke verdankt ihre Errichtung (oder die Wirtschaftskraft, die sie heute hat) der Tatsache, dass sie auf der Strecke des Ochsenweges lag.

„Der alte Ochsenweg" unternimmt eine gemächliche Reise auf den Spuren dieses alten Weges von der dänischen Grenze bis zur Elbe. Wir sehen uns in der Natur und in den Orten um, schauen, ob etwas an diese sehr besondere Geschichte erinnert, und ob das, was die Orte heute ausmacht, etwas mit der Vergangenheit zu tun hat. Weil der Weg über die Geest führt, anders formuliert: kaum Berührung mit den Küsten hat, bekommen wir auch einen frischen Blick auf unser Land.

Carsten Dürkob

VON OCHSEN UND WEGEN

In der vom Menschen gestalteten Geschichte gibt es einige wenige Konstanten über alle Jahrtausende, Kontinente, Völker und Entwicklungsstadien hinweg. Eine Region für sich zu finden und nutzbar zu machen, so dass sie das Überleben sichert, gehört ebenso dazu wie die Anlage von Kultstätten oder Verkehrswegen. Jegliche Innovation entsteht aus einem Bedürfnis: Zur Sesshaftwerdung des Menschen gehört der Ackerbau, zum Austausch all dessen, was er produziert, mit dem, was die Menschen in einer anderen Region herstellen, die Anlage von Wegen.

Nirgendwo wird insbesondere der Bedarf an Verkehrswegen deutlicher als bei Völkern oder Reichen, die auf stete Expansion setzen. Aus der Schule erinnern wir uns an das antike Römische Reich: Seine Architekten legten Straßen an, um die Mobilität der Truppen zu erhöhen und nach der Eroberung die eigene straffe staatliche Organisation zu exportieren. Importieren ließ sich auf diesen Wegen, was die Römer selbst nicht (ausreichend) hatten: Lebensmittel, Alltagsgegenstände, Luxusgüter, künstlerische und technische Neuerungen. Die Trassen waren so klug gewählt, dass viele Wege, die sie gefunden haben, bis heute genutzt werden.

WAS DIE CIMBRISCHE HALBINSEL SO BESONDERS MACHT

Im Norden Germaniens hat es für die Römer nur zu einer Stippvisite gereicht. Unseren Ochsenweg, der Schleswig-Holstein von Flensburg nach Wedel durchquert, haben sie jedenfalls nicht angelegt; vielmehr gab es ihn längst, als Claudius Drusus um die Zeitenwende nachdenklich am Ufer der Elbe stand (ohne sie zu überqueren). Was uns hier mehr interessiert, ist denn auch etwas anderes: Wenn ein Weg also immer dann und dort entsteht, wenn/wo Handel und Heer ihn brauchen, ist auch im Fall des Ochsenweges zu fragen: ob es vielleicht eine solche Begründung gibt?

Um die Bedeutung des Weges zu erfassen, müssen wir – Achtung, kein Wortspiel! – erst noch einen Umweg machen. Dabei hilft uns ein Blick auf eine Europa-Karte. Er zeigt uns, dass Schleswig-Holstein und Jütland als eine langge-

Ein Ergebnis der nacheiszeitlichen Prozesse ist die mittelholsteinische Geest, in der sich hier und da Binnendünen gebildet haben: wie hier die Sorgwohlder Binnendünen, auf denen fast nur Heide gedeiht.

VON OCHSEN UND WEGEN

streckte Halbinsel des mitteleuropäischen Raums verstanden werden müssen, die nach Nordeuropa hineinragt. Diese Halbinsel trennt Nord- und Ostsee voneinander. Das dänische Jütland ragt zwar in den nordeuropäischen Raum hinein, aber eine (durchgehende) Landbrücke nach Schweden oder Norwegen gibt es nicht. Wer dorthin will, muss für eine wenn auch kurze Strecke ein Schiff besteigen.

Diese Lage gibt der langen Halbinsel eine besondere geostrategische Bedeutung im gesamteuropäischen Zusammenhang: als einzige Nord-Süd-Verbindung des westlichen Europa. Ihr fällt so ganz von selbst die Funktion einer Transittrasse zu. Eine Landverbindung von Nordeuropa in den mitteleuropäischen Raum gibt es sonst nur von Finnland über das Baltikum und Russland in den Westen.

Im Falle unserer Cimbrischen Halbinsel ist aber noch mehr zu bedenken. Jütland und Schleswig-Holstein sind erdgeschichtlich sehr junge Regionen, die ihre Entstehung und ihr Landschaftsbild den Kaltzeiten (umgangssprachlich: Eiszeiten) verdanken. Hatten die Gletscher der Elster- und der Saale-Kaltzeit die Fläche von Schleswig-Holstein und Jütland noch vollständig überfahren, kamen jene der (letzten) Weichsel-Kaltzeit (vor 13.000 bis

Charakteristisch für die Geest ist die intensive landwirtschaftliche Nutzung, hier am Rande der Nützener Heide südlich von Lentföhrden

DER ALTE OCHSENWEG

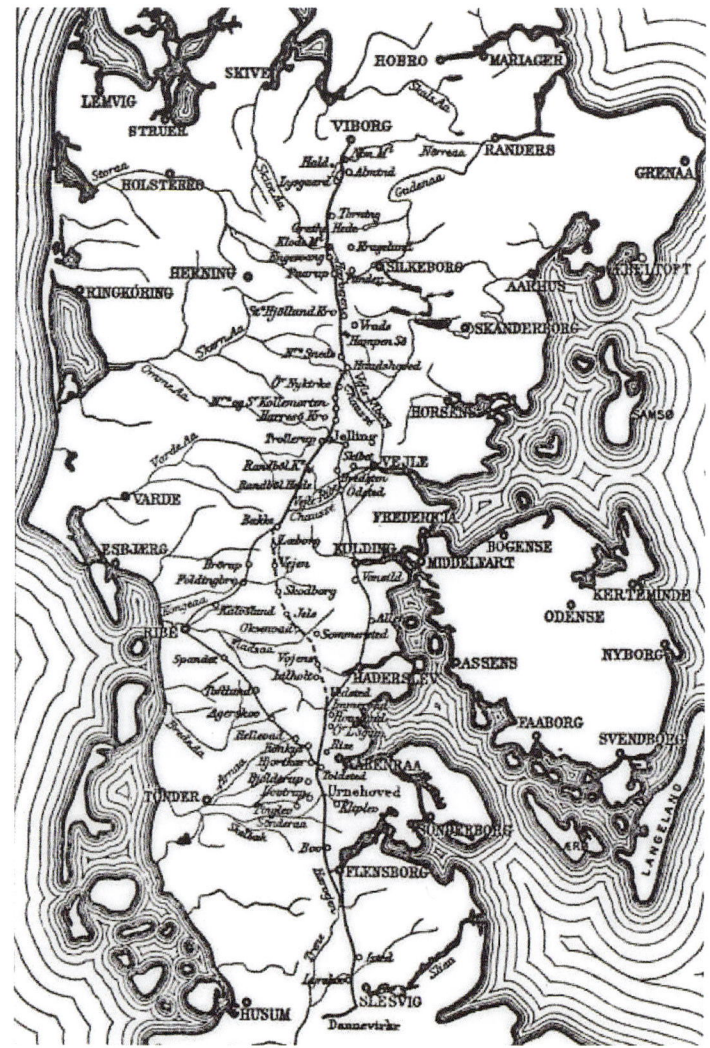

Historische Karte vom Verlauf der Haupt- und Nebenwege zwischen Viborg und Schleswig (nach Matthiessen).

117.000 Jahren) nur noch bis zur Mitte der Halbinsel.

Ein unmittelbares Resultat vor allem dieser jüngsten Prozesse sind die über die gesamte Halbinsel von Nord nach Süd verlaufenden Landschaftszonen. Wir können bis heute in der Natur sehr genau nachverfolgen, bis wohin die Gletscher der Weichsel-Kaltzeit vorgestoßen sind. Was für uns hier aber viel wichtiger ist: Mit diesen Landschaftszonen sind jeweils spezifische Bodenqualitäten verbunden. Der Ost-Teil von Jütland und Schleswig-Holstein wurde noch einmal mit Geschiebe und Eis versorgt; auf diese Weise sind fruchtbare Böden entstanden. Hingegen bestehen der West-Teil Jütlands und die Mitte Schleswig-Holsteins aus Sanderflächen, die mit dem Abfluss der Wasser am Grund der Gletscher entstanden sind. Die Sander in Jütland bestehen vor allem aus Dünen und Heiden. In Schleswig-Holstein kommt an der Nordsee die Marsch hinzu.

Es ist die Bodenqualität, die über die Bewirtschaftung entscheidet. Jeweils im Osten dominiert der Anbau von Getreide (u.a. Weizen, Roggen und Hafer) und Futterpflanzen sowie in geringerem Umfang Nutzpflanzen (Flachs, Hanf). Hingegen werden die ertragsarmen Böden im Norden und Westen Jütlands und in der Mitte Schleswig-Holsteins deutlich mehr für Viehzucht und Milchwirtschaft genutzt.

Aus Bewirtschaftung wird eine Wirtschaftsgeschichte. Um nun auf die Entstehung von Wegen zurückzukommen: Nach der Antwort auf das Warum – Handel und Heer – finden wir in der Landschaftsgeschichte die Antwort auf die Frage nach dem Wo. Denn bis in Details hinein bezeichnend für die Entstehung von Wegen ist die Orientierung am vorhandenen Gelände. Hindernisse wie Höhenzüge, Sumpfgebiete und Bäche bzw. Flüsse haben schon die Jäger und Sammler der nachkaltzeitlichen Jahrtausende nach aller Möglichkeit umgangen. Wege entstehen also dort, wo der Boden verlässlich fest ist, Fließgewässer leicht durch- oder überquert werden können, Landmarken für eine Orientierung sorgen, eine Nutzung möglichst zu allen Jahreszeiten möglich ist: wo ganz allgemein das Fortkommen nicht durch Hindernisse erschwert wird.

WIE ALT IST DER WEG?

Das heißt im Umkehrschluss nichts anderes, als dass manche der uns heute so geläufigen Wege möglicherweise schon sehr alt sind. Wo Erfahrung, technische Möglichkeiten und Erfordernisse sich zu einem Bündel namens Gewohnheit finden, liegt der Ursprung meist im Dunklen.

Das gilt auch für unseren Ochsenweg und manche Entwicklung an seinem Wegrand. Denn wenn wir die Bezeichnung Ochsenweg heute verwenden, erinnern wir uns damit in erster Linie an die wirtschaftliche Funktion, die dieser Weg etwa zwischen dem späten 15. und dem frühen 19. Jahrhundert ausgeübt hat. Aber natürlich ist davon auszugehen, dass sich auf dem Weg übers Jahr gesehen nicht ausschließlich Ochsen und ihre Händler bewegten.

So lässt sich denn die naheliegende Frage nach dem Alter des Ochsenweges auch nicht befriedigend beantworten. Wenn wir es trotzdem versuchen, finden wir erste Anhaltspunkte in den Ergebnissen archäologischer Untersuchungen. Kurz vor der Wende zum 20. Jahrhundert

Brücken spielen im Verlauf des Ochsenwegs eine zentrale Rolle. Überall im Land stoßen wir auf alte Granitquader-Konstruktionen.

hat die Forschung für die Region Schleswig-Holstein einen glaubhaften Zusammenhang zwischen dem Verlauf der Trasse und den stein- und bronzezeitlichen (also zwischen 4.000 und 1.000 v. Chr. entstandenen) Grabhügeln hergestellt.[1]

Ziehen wir diese Linie gedanklich aus, könnten wir auch hier die Frage stellen, ob denn zuerst die Grabanlagen da waren und diese als Wegmarken genutzt wurden, oder ob erst der Weg da war und die Gräber an seinem Rand angelegt wurden, um das Gedenken an die Vorfahren wachzuhalten. Wenn Letzteres auch die höhere Wahrscheinlichkeit für sich hat – weil die Anlagen von der neueren Forschung tatsächlich als Ausdruck von Erinnerung und Heilserwartungen verstanden werden –, so lässt sich das aber weder abschließend behaupten, noch könnten wir daraus konkrete Erkenntnisse ableiten.[2] Dass es diese Grabhügelkette nur im südlichen Jütland und in der Region Schleswig gab/gibt, nicht aber in Holstein, ist jedenfalls noch kein Argument gegen die These.

Unterstützt wird die Vermutung von der Entstehung des Weges in der Bronzezeit auch noch durch andere archäologische Zeugnisse, beispielsweise Wege- oder Fahrspuren auf der mitteljütischen Heide, vor allem aber durch Hinweise auf ein entwickeltes Bronzehandwerk. Ziehen wir in Betracht, dass es dafür im Land keine natürlichen Kupfererz-Vorkommen gibt, landen wir wieder bei der These vom Handel als Innovationstreiber.

Für den Raum in der Region Schleswig – also den Bereich zwischen Kongeå (Königsau) in Sønderjylland und der Eider – sind die relevanten naturräumlichen Argumente von der Forschung zusammengetragen worden; deshalb seien sie hier beispielhaft angeführt:

Wie wir gesehen haben, ergibt sich eine Trasse vorwiegend aus der Umgehung von Hindernissen. Nun sind die Verkehrsmöglichkeiten in dieser Region vor allem eins: begrenzt. Wir sind hier an der schmalsten Stelle der Cimbrischen Halbinsel, zusätzlich verengt durch mehrere nach Westen vorgeschobene Ostseebuchten und die Schlei. Hinzu kommen die Hügel der Jungmoränenlandschaft im Osten und die (zwar flache aber) von Kleiböden dominierte Marsch im Westen. Für jedweden Verkehr bleibt also nur der schmale Geest-Streifen mit seinen sandigen, gut drainierenden Böden, die zu allen Jahreszeiten nutzbar sind. Aufgrund seiner minderen Ertragsstärke ist dieser schmale Streifen für eine landwirtschaftliche Nutzung kaum ergiebig, hingegen durch seine Festigkeit ideal für einen Verkehrsweg.[3]

---

1 Sophus Müller: Nordische Altertumskunde nach Funden und Denkmalen aus Dänemark und Schleswig. Gemeinfasslich dargestellt ... 1. Bd.: Steinzeit – Bronzezeit. Strassburg: Trübner 1897, S. 328–346, hier: S. 331 u. öfter.

2 Über Zusammenhänge zwischen Wegführung, Grabanlage und Grabbeigaben nach Müller u.a.: Karl Kersten: Zum Problem der ur- und frühgeschichtlichen Wege in Nordwestdeutschland. In: Festschrift für Gustav Schwantes. Hg. v. Karl Kersten. Neumünster: Wachholtz 1951, S. 136–141. Ergänzend auch: Jakob Röschmann: Vorgeschichte des Kreises Flensburg. Neumünster: Wachholtz 1963, S. 101–107 (= Die vor- und frühgeschichtlichen Denkmäler und Funde in Schleswig-Holstein, VI). In neuerer Zeit über eine Grabung nahe Flensburg: Bernd Zich: Die Megalithgräber in Munkwolstrup. Kulturdenkmal – Forschungsobjekt – Erinnerungsort. In: Nordlichter. Geschichtsbewußtsein und Geschichtsmythen nördlich der Elbe. Hg. v. Bea Lundt. Köln u.a.: Böhlau 2004, S. 29–46 (= Beiträge zur Geschichtskultur, 27).

3 Der Absatz greift zurück auf: Bernd Zich: Ochsenweg/Hærvejen – Nordeuropas kulturhistorische Wirbelsäule. In: Wege als Ziel. Kolloquium zur Wegeforschung. [Red.: Benedikt Knoche]. Münster: Aschendorff 2002, S. 67–86, hier: S. 68–70 (= Veröffentlichungen der Altertumskommission für Westfalen, XIII).

Also haben die archäologischen und die naturräumlichen Befunde die Richtung gewiesen: Inzwischen gibt es keine Zweifel mehr daran, dass der Ochsenweg in der Bronzezeit entstanden ist. Dass aber vielleicht schon Feuer- und Bernstein von den dänischen Küsten auf diesem Weg hinter Eider und Elbe gelangten, bleibt (bislang) eine Idee unserer historischen Imagination: Belastbare Antworten auf die Frage nach dem Umfang von Warenaustausch und Fernverkehr in der vorausgegangenen Jungsteinzeit fehlen. Insofern stellt die Argumentation aus der Zeit um 1900 eher eine Indizien- oder Ideenkette dar.[4]

ERSTE SCHRIFTLICHE ERWÄHNUNG UM 1075

Auch die erste Erwähnung des Weges in der schriftlichen Überlieferung gibt uns keine Anhaltspunkte für Alter und Entstehung des Weges. Es ist aber vorstellbar, dass der Geistliche Adam von Bremen (vor 1050–1081 oder 1085), Autor der „Hamburgischen Kirchengeschichte" (entstanden um 1075), selbst auf diesem Weg unterwegs war: Vermutlich im Auftrag des Bremer Erzbischofs Adalbert von Bremen (um 1000–1072) reiste er in den späten 1060er Jahren zum dänischen König Sven Estridsson (um 1020–1076, König seit 1047). Nach seiner Rückkehr hat er unter Zugrundelegung der ihm zugänglichen Literatur und Dokumente und wohl auch der Reise-Eindrücke sowie der Informationen aus dem Mund des dänischen Königs seine „Hamburgische Kirchengeschichte" verfasst. In derem 4. Buch widmet er sich der „Beschreibung der Inseln des Nordens". Gleich zu Beginn heißt es dort:

Das Land der Dänen ist beinahe ganz in Inseln zertheilt ... Dieses Dännemark aber trennt von unseren Nordelbingern der Fluß Egdore ... Der erste Theil Dännemarks aber, welcher Judlant genannt wird, erstreckt sich von der Egdore aus gen Norden der Länge nach, indem man einen Weg von drei Tagen hat, wenn man auf die Insel Fune abbiegt. Wenn man aber die Entfernung von Sliaswich nach Alaburg dem geraden Wege nach mißt, so hat man einen Weg von fünf bis sieben Tagen. Das ist die Straße Kaiser Otto's bis zum äußersten Meere von Wendila ...[5]

Die von ihm erwähnten Orte belegen, dass er die uns als Ochsenweg geläufige Wegführung meint – wenn es auch nicht nur diesen Weg, sondern sicher auch schon Neben- und Ausweichwege gegeben hat.

Knapp 100 Jahre später taucht der Weg noch einmal auf: in einer Reisebeschreibung bzw. -empfehlung des isländischen Abtes Nils Sæmundarson. Auch er erwähnt unter anderen Orten Schleswig, Viborg und Aalborg.[6]

---

4 Inzwischen ist die Forschung von Müllers These etwas abgerückt. Vgl. u.a. die Diskussion bei: Karl-Heinz Willroth: Landwege auf der cimbrischen Halbinsel aus der Sicht der Archäologie. In: Siedlungsforschung 4 (1996), S.9–44; ferner Zich (2002), S. 79–81.

5 Adam von Bremen: Hamburgische Kirchengeschichte. Nach der Ausgabe der Monumenta Germaniae ... Mit einem Vorworte von J. M. Lappenberg. 2. Aufl. Neu bearb. v. W. Wattenbach. Leipzig: Dyk 1893, S. 198f. (= Die Geschichtsschreiber der deutschen Vorzeit. 11. Jh. Band VI).

6 Vgl.: Kristian Kålund: En islandsk Vejviser for Pilgrimme fra 12 Århundrede. København: Thiele 1913 (aus: Aarbøger for nordisk Oldkyndighet och Historie 1913, S. 51–105).

DER ALTE OCHSENWEG

WO VERLIEF *DER* WEG? – DIE ROUTEN

Damit ist ein weiteres wichtiges Stichwort gefallen: Dass wir heute unter dem Ochsenweg vor allem eine Wegführung verstehen, verdeckt den Umstand, dass es in der Vergangenheit mehrere (unterschiedlich stark frequentierte) Wegführungen und auch Neben- und Zubringerwege gab. Bevor das Weltbild jetzt aber durcheinander gerät: Der Weg, den wir heute unter dem Namen Ochsenweg kennen, ist der historisch und wirtschaftlich bedeutsamste.

Dennoch sollten wir uns an dieser Stelle die Mühe machen und die historischen Streckenführungen nachzeichnen:

Im nordjütischen Aalborg – Adam von Bremens Alaburg – wurden die Ochsen aus den Landschaften Vendsyssel und Thy (an der äußersten Nordspitze von Jütland) zusammengetrieben. Von dort führte der östliche Ochsenweg über Hobro, Skanderborg und Vejle nach Haderslev und Aabenraa. Von Assens auf Fünen wurden die Ochsen der Inseln Seeland und Fünen nach Haderslev verschifft und dort mit den durchkommenden Triften zusammengeführt. Von Haderslev verlief der Weg über Flensburg, Schleswig und Rendsburg, wo er sich in eine östliche (über Bramstedt) und eine westliche Route (über Itzehoe) nach Wedel teilte.

Der mittlere Ochsenweg begann im jütischen Viborg und verlief über Bække nach Foldingbro am Flüsschen Kongeå; von hier aus wurden die Tiere entweder auf den östlichen Weg oder die westliche Nebenstrecke, die von Holstebro her kam, über Ribe, Tønder und Husum nach Itzehoe und von dort nach Wedel geführt.

Es gibt also nicht den einen Weg, sondern in Jütland drei Hauptrouten und in Schleswig-Holstein eine Hauptroute mit einer Wegteilung und eine Nebenroute. Wenn wir vom Ochsenweg sprechen, meinen wir im allgemeinen Verständnis die Strecke von Viborg, Silkeborg, Haderslev, Flensburg, Schleswig, Rendsburg und Bad Bramstedt nach Wedel.

Der Fern-Radwanderweg durch Schleswig-Holstein unter dem Namen Ochsenweg verläuft von Flensburg über Schleswig und Rendsburg und danach auf den erwähnten getrennten Wegen zur Elbe. Dabei verleitet die Bezeichnung Ochsenweg zu dem Missverständnis, dass der Radweg exakt auf der historischen Route verlaufe. Das ist aber nur an einigen wenigen Stellen tatsächlich der Fall: Zum einen ist der historische Weg vielerorts nicht mehr einwandfrei identifizierbar, zum anderen haben die Initiatoren und Planer Rücksicht genommen bzw. nehmen müssen auf vorhandene Straßen und auch die Anforderungen des Fahrrad-Tourismus. Sie haben eine Wegführung erarbeitet, die manchmal auf, häufig aber immerhin so dicht wie möglich neben der Strecke verläuft.

Husum assoziieren wir nicht als erstes mit dem Ochsenweg. Ochsenköpfe im Tine-Brunnen erinnern aber an den jährlichen Markt, der von der Trift an der Westküste entlang beschickt wurde.

WOFÜR ÜBERHAUPT DER WEG?

Dass auf der einzigen westeuropäischen Landverbindung zwischen Nord- und Mitteleuropa irgendwann eine in Nord-Süd-Richtung verlaufende Wegführung entstehen musste, liegt also auf der Hand. Nicht auszuschließen ist dabei, dass der Weg in seiner Gesamtlänge durch die Verknüpfung ursprünglich lokaler Teilwege entstanden ist. Denn bis in die Eisenzeit hinein ist die Subsistenzwirtschaft – also die Deckung sämtlichen Bedarfs durch die eigene Produktion im nahen geographischen Umkreis – unabhängig von Fernhandelsbeziehungen für einzelne Produkte das vorherrschende Prinzip der Versorgung. Das heißt in erster Linie, dass Weizen, Gerste, Klee und Feldfrüchte in der Region ihrer Produktion auch auf den Markt gebracht und nur Überschüsse exportiert werden. Erst zwischen dem frühen und Hohen Mittelalter gewinnt die Überschuss-Produktion eine größere Bedeutung – und dafür braucht es Transportmittel und -wege.

Wir können auch hiernach davon ausgehen, dass es bekannte, verlässliche und etablierte Nord-Süd-Wege zwischen Viborg und der Elbe schon im frühen Mittelalter gibt. Wenn der noch bescheidene regionale Handel dafür vielleicht auch noch nicht der Impulsgeber ist, so aber doch der – Schleswig-Holstein und Jütland als Absatzmarkt nur am Rande berührende – Fernhandel über die Drehscheibe Haithabu. Waren aus den Ostsee-Anrainerstaaten werden hier umgeschlagen und entweder auf dem Landweg oder über Hollingstedt zur Verschiffung über die Nordsee weitertransportiert.

Und bis heute gilt schließlich, dass, wo eine Straße existiert oder angelegt wird, der Verkehr von ganz allein kommt. Das heißt im Falle des Nord-Süd-Weges über die Cimbrische Halbinsel, dass er zunächst einmal sicherlich von Boten, Missionaren und reisenden Dienstleistern genutzt wird. Es liegt nahe, anzunehmen, dass auch Ansgar (801–865), der „Apostel des Nordens", den Weg schon auf seinen – von Adam von Bremen im 1. Buch der erwähnten „Hamburgischen Kirchenchronik" ausführlich geschilderten – Missionsreisen nach Skandinavien genutzt hat.

Eine weitere Nutzung erschließt sich aus der dänischen Bezeichnung Hærvejen: Heerweg. Wenn wir bedenken, dass die Cimbrische Halbinsel im westlichen Europa die einzige Landbrücke zwischen dem Norden und der Mitte ist, wird unmittelbar verständlich, dass der Herrscher dieser Region mit ihr ein Macht- und Druckmittel in der Hand hat. Tatsächlich wechselt insbesondere die Region zwischen Kongeå und Eider mehrmals den Landesherrn, gehört mal zu Dänemark, mal zu Deutschland. Wir können uns also gut vorstellen, dass sich mancher militärische Aufmarsch auf dem Weg vollzieht. Und im Laufe der Jahrhunderte wird auch manches Scharmützel in der unmittelbaren Nähe des Weges ausgefochten.

Stimmt, von Ochsen war bislang noch nicht die Rede. Wir kommen zum Ende unseres Umwegs. Die Antwort auf die Frage, warum der Ochsenweg für uns Deutsche Ochsenweg heißt, beginnt wiederum mit einem Blick zurück in die Jahrtausende vor unserer Zeitrechnung. Die Bewohner des von den Kaltzeiten kärglich bedachten Dänemark hatten in den vergangenen Jahrtausenden nur begrenzte Möglichkeiten, ihre Existenz mit der Hilfe von Landwirtschaft zu bestreiten; also wandten sie sich vor allem in Jütland in verstärktem Maß der Viehzucht zu. Das Vieh lässt sich gegen Agrargüter verhandeln.

DER ALTE OCHSENWEG

Historische Abbildung vom Leben auf einem Viehmarkt.

Und wenn nicht gerade ein breiter Fluss oder ein Meeresarm zur nächsten Insel zu überqueren ist, transportiert sich das Vieh (anders als Getreide) selbst:[7] auf geeigneten Wegen.

Kommt hinzu, dass sich die Absatzchancen der dänischen Züchter auf dem schleswig-holsteinischen Markt im Hohen Mittelalter noch erheblich verbessern: Nicht nur beim südlichen Nachbarn nördlich und südlich der Eider, sondern auch im Umkreis von Hamburg und Lübeck und schließlich südlich der Elbe steigt die Bevölkerungszahl ab dem 12. Jahrhundert außerordentlich an. Gründe dafür sind die allgemein positive Wirtschaftsentwicklung, die höhere Geburtenraten zur Folge hat, und in Schleswig-Holstein im Besonderen die Ansiedlung von Migranten: Nach der Eroberung der östlichen Landesteile für die Schauenburger ruft Graf Adolf II. (1110–1164) Neu-Siedler ins Land. Seine Boten werben südlich der Elbe in Ostfriesland und Westfalen und sogar in der Niederrhein-Region (heutige Niederlande) für Schleswig-Holstein. Von ihnen erhofft Graf Adolf sich, dass sie bisher brach liegendes Land kultivieren und wirtschaftlich ertragreich zu machen helfen.

In einem zweiten Kolonisierungsschub werden Orte zu Städten erhoben oder gleich neue Städte gegründet. Im späten 12. Jahrhundert beginnt so ein langsames, dabei stetes demographisches Wachstum, das in der Folge nur durch Kriege oder Seuchen (wie Pocken, Typhus oder die „Schwarzer Tod" genannte Pest) zeitweilig unterbrochen wird.

Wann sich ein einigermaßen organisierter Ochsenhandel entwickelt hat, lässt sich allenfalls sehr indirekt aus erhaltenen Zolleinnahmelisten erschließen. Die eben erwähnten Veränderungen sind jedenfalls nicht zu unterschätzen: Die Ansiedlung von Migranten aus hunderte Kilometer entfernten Gebieten im Hinterland der aufstrebenden Handelsstädte Lübeck und Hamburg und später die Versorgung aller

---

7   Nach einer Formulierung bei Wiese (1963), S. 6.

Menschen in Holstein bedeutet, dass räumliche Beschränkungen zunehmend überwunden werden müssen – weil das im unmittelbaren Umfeld Produzierte nicht mehr ausreicht.

Dass die Milchwirtschaft – in Dänemark wie in Holstein – vor den eigenen Stadtmauern vor sich geht, heißt übrigens auch, dass Kühe und Jungvieh kaum einmal auf dem Ochsenweg nach Süden getrieben werden.

Weil nun also der Boden im Umfeld der Städte vor allem für die Land- und die Milchwirtschaft genutzt wird – das späte 16. Jahrhundert wird sogar als „goldene Zeit" dafür bezeichnet, bis es Anfang des 17. Jahrhunderts zu einer kurzen Krise kommt[8] –, muss Fleisch von dort geholt werden, wo die naturgegebenen Verhältnisse die Nutzung des Bodens als Grünland bedingen oder doch rentabel machen: von der mittelholsteinischen Geest oder eben aus Jütland. Was wir heute als Ochsenweg kennen, ist also der Lieferweg von Frischfleisch von den Aufzucht- in die Abnehmergebiete.

„... MEHR ALS 50 000 OCHSEN ..."

Es liegt auf der Hand, dass dieses Geschäft krisen- und konjunkturempfindlich ist. Wenn im Mittelalter auch vergleichsweise größere Mengen Fleisch konsumiert werden als heute, so bilden Brot und andere Getreideprodukte sowie Hülsenfrüchte doch immer noch die Basis der täglichen Ernährung.[9] Anhaltende Schlechtwetter- oder Kälteperioden (wie die so genannte Kleine Eiszeit im späten 16. Jahrhundert) wirken sich umgehend auf die landwirtschaftlichen Erträge und zeitversetzt wegen des fehlenden Futters in den Stallperioden auch auf die Viehproduktion aus.

Im 14. Jahrhundert erlebt die Viehzucht in Jütland und Schleswig-Holstein einen Aufschwung – in einem Maße, dass für einen späteren Zeitpunkt davon gesprochen wurde, dass „der Ochse in Jütland das Barometer des Wirtschaftslebens"[10] gewesen sei. Ungeachtet dieser farbigen Formulierung lässt sich über den Umfang der Aufzucht am ehesten etwas aus indirekten Quellen erfahren. Über Ochsentriften und die Fähre über die Elbe erfahren wir etwas schon aus Dokumenten des 15. Jahrhunderts; beispielsweise beklagt sich Hamburg nach 1460 über die Verlegung des Fährbetriebes nach Wedel. Im Jahr 1475 verfügt der dänische König Christian I. (1426–1481, König seit 1448), dass die dänischen Kaufleute keine Waren nach Deutschland ausführen dürfen; das soll deutschen Kaufleuten vorbehalten bleiben, damit sie den Ausfuhrzoll zu zahlen haben. In den folgenden Jahrzehnten erlassen die dänischen Könige weitere Gesetze, die die eigene Wirtschaft schützen und den Zugang zu den Märkten regulieren sollen. Die beiden Episoden aus dem 15. Jahrhundert machen immerhin deutlich, dass die

---

8 Vgl.: Volkmar von Arnim: Krisen und Konjunkturen der Landwirtschaft in Schleswig-Holstein vom 16. bis zum 18. Jahrhundert. Neumünster: Wachholtz 1957, S. 15–34 (= Quellen und Forschungen zur Geschichte Schleswig-Holsteins, 35).

9 Vgl. dazu: Wilhelm Abel: Agrarkrisen und Agrarkonjunktur. Eine Geschichte der Land- und Ernährungswirtschaft Mitteleuropas seit dem hohen Mittelalter. 3., neubearb. Aufl. Hamburg u.a.: Parey 1978, S. 77–79.

10 Thomas Otto Achelis: Aus der Geschichte des jütischen Ochsenhandels. In: Zeitschrift der Gesellschaft für Schleswig-Holsteinische Geschichte 60 (1931), S. 173–212, hier: S. 173. Vgl. zur Zunahme des Handels vor allem: Wiese (1963), S. 7f., 81 u. öfter.

Heinrich Rantzau (1526–1598): Statthalter des dänischen Königs, Förderer der Künste und der Wissenschaften, Viehzüchter, Getreidehändler und Autor.

"(...) Von allem anderen abgesehen wird nicht nur eine ungeheure Menge Getreide alljährlich von hier nach Belgien ausgeführt, sondern man bringt einige zehntausend Ochsen und Pferde zum Verkauf dorthin und in andere Teile Europas.

Für ein jedes Stück Vieh wird hier den landesherrlichen Steuereinnehmern ein ganzer Joachimstaler gezahlt; die Summe davon überschreitet einige Tausend Gulden.

Und es ist sicher, daß in einem einzigen Jahr aus Jütland und den übrigen Landesteilen Dänemarks schon einmal mehr als 50 000 Ochsen nach Deutschland getrieben wurden."[11]

Hier wird nun also eine Größenordnung greifbar, die trotz des vorher Gesagten erstmal verblüfft.[12] Noch einmal 40 Jahre später erwähnt Johann Rist (1607–1667), seit 1635 Pastor in Wedel, wo der Ochsenweg endet, den Ochsenmarkt in seiner Pfarrgemeinde. Glauben wir seinen Worten, so werden in den frühen Jahren des 17. Jahrhunderts bisweilen bis zu 30.000 Ochsen nach Wedel getrieben:

O wohlbegabtes Land! Den vberfluß der Rinder
Auß Juett-Land / wissen auch zu ruehmen vnsre Kinder

Zoll- und Fähreinnahmen schon lange vor der eigentlichen Blütezeit des Ochsenhandels eine Größenordnung von nennenswerter wirtschaftlicher Bedeutung erreicht haben, die eine gewisse Aufmerksamkeit lohnte.

Rund ein Jahrhundert später schreibt Heinrich Rantzau (1526–1598), seit 1556 Statthalter des dänischen Königs für die königlichen Anteile an den Herzogtümern Schleswig und Holstein, in seiner lateinischen „Cimbricae Chersonesi ... descriptio nova" (1597) über Jütland:

---

11 Heinrich Rantzau: Neue Beschreibung der Kimbrischen Halbinsel ... [1597] In: Heinrich Rantzau (1526–1598). Statthalter in Schleswig und Holstein. Ein Humanist beschreibt sein Land. [Ausstellungskatalog] Schleswig: Landesarchiv Schleswig-Holstein 1999, S. 262 (= Veröffentlichungen des Schleswig-Holsteinischen Landesarchivs, 64).

12 Und wir können davon ausgehen, dass Rantzau den damit verbundenen wirtschaftlichen Wert gut einschätzen konnte, denn er war selbst umfänglich in Viehzucht und Getreidehandel engagiert. Vgl. dazu: Wiebke Steinmetz: Heinrich Rantzau (1526–1598). Ein Vertreter des Humanismus in Nordeuropa und seine Wirkungen als Förderer der Künste. Teil 1. Frankfurt/M.: Lang u.a. 1991, S. 83–97 (= Europäische Hochschulschriften, Reihe XXVIII, Bd. 125).

Mein Wedel zeuget selbst / das offt' auff gutes Glueck'
Hier vbers Wasser gehen bey dreissig tausend Stueck'
Hilf Gott / was Nutzbahrkeit kann solcher Handel tragen! (...),[13]

heißt es im „Kriegs und Friedensspiegel" aus dem Jahr 1640 und im Folgenden lobt Rist dort noch ausführlich – wohlgemerkt: mitten in Zeiten des Dreißigjährigen Krieges – die europäischen Handelsbeziehungen, die die Menschen mit allem versorgten, was sie benötigten ... und mehr als dem.

Dass diese Zahlen keineswegs leichtfertig hochgegriffen sind, erweist sich beim Blick in die schon erwähnten Unterlagen von Zollstellen. Die Forschung hat geschätzt, dass im Laufe einer Trift von Jütland in den Süden wohl an die 20 Zollstellen zu passieren waren.[14] Das heißt nichts anderes, als dass die Tiere gezählt und in einem Zoll-Register verzeichnet wurden. Aus Gottorf und Rendsburg liegen für die rund 160 Jahre zwischen 1485 und 1704 entsprechende Zahlen vor; erfreulich dicht sind die Belege für die Blütezeit der Ochsenmärkte im späten 16. und frühen 17. Jahrhundert. Im Jahrhundert zwischen 1485 und 1582 liegt der jährliche Durchschnitt an der Zollstelle Gottorf bei rund 33.530 Ochsen (bei einem Spitzenwert von 46.519 Tieren im Jahr 1565), danach sinken die Zahlen für zwei Jahrzehnte, zu Beginn des 17. Jahrhunderts werden meist mehr als 40.000 Tiere gezählt.

Landwirte, Krüger, Stellmacher, Hufschmiede, Transportarbeiter, Lebensmittelhändler, Schuster und viele andere Gewerbetreibende, die am Weg oder doch in seiner unmittelbaren Umgebung leben, profitieren von den Ochsentriften auf je ihre Weise. Der Ochsenweg ist Teil eines verzweigten Handelsnetzes und nutzt auf diese Weise auch den unmittelbaren Anliegern – mal abgesehen davon, dass mit den Händlern und Treibern immer auch Neuigkeiten und Abwechslung ins Städtchen kommen ...

Nach 1624 erreicht der Dreißigjährige Krieg auch den Norden, was am drastischen Einbruch der Zahlen abzulesen ist.[15] Rantzaus Angabe für die Zeit vor 1597 ist also für einzelne Jahre nicht unrealistisch und Rists Schätzung von rund 30.000 Tieren ist für das erste Jahrzehnt des 17. Jahrhunderts völlig zutreffend (wenn wir in Rechnung stellen, dass längst nicht alle Tiere, die in Gottorf den Zoll passiert haben, noch in Wedel angekommen sind, sondern schon in Bramstedt oder Itzehoe Käufer gefunden haben).

Wir können uns demnach ganz gut vorstellen, was insbesondere im Laufe der Frühjahrstrift zwischen Ende Februar und der zweiten April-Hälfte auf dem Ochsenweg los gewesen sein muss.

---

13 Johann Rist: Kriegs vnd Friedens Spiegel. Das ist: Christliche, Teutsche und wolgemeinte Erinnerung ... Hamburg: Rebenlein 1640, Vers 1359f. Neuerdings in: Ders.: Sämtliche Werke 3: Dichtungen 1634–1642. Hg. v. Alfred Noe u. Hans-Gert Roloff. Berlin u.a.: DeGruyter 2017, S. 471–578.
14 Vgl.: Wiese (1963), S. 82, ferner Zich (2002), S.70f.

15 Alle Angaben vgl.: Wiese (1963), S. 109f.

DER ALTE OCHSENWEG

UNTERWEGS UM 1610

SO KÖNNTE ES GEWESEN SEIN

I.
Regen.
Immer noch. Oder schon wieder?
Missmutig sieht Poul in das graue Dunkel hinaus. Er steht dicht an der Wand der Scheune, die ihm und den anderen am Abend als Nachtquartier zugewiesen worden ist, und hört, wie der Regen auf das Dach fällt und in den Bäumen auf der anderen Seite des Weges sein feines Rauschen erzeugt. Endlos.

Überhaupt: dieser Weg. Der Regen hatte gestern Morgen bald nach dem Aufbruch wieder eingesetzt. Erst als heftiges Sprühen, dann als gleichmäßiger Fluss, so beharrlich und unveränderlich, als sei er von sich selbst gelangweilt: ihm doch egal, wo er fällt. Aber weil das nun schon der dritte Tag in Folge ist, hat sich der Weg über lange Strecken hinweg völlig in Matsch aufgelöst. In den Holzschuhen überhaupt noch voranzukommen, war ausgesprochen kräfteraubend geworden. Ganz so, als wüssten die Rindviecher das, nutzen sie jede Gelegenheit, um sich links und rechts des Weges ein Maulvoll Gras zu verschaffen.

Das Stroh in den Schuhen schützte schon längst nicht mehr vor der Kälte. Und der Regen wollte und wollte nicht aufhören.

Am Abend war Poul so müde, dass er darum bat, gleich die erste Wache bei den Ochsen zu übernehmen – um dann am Morgen frisch zu sein. Aber die Älteren sagten „Lass mal gut sein" und schickten ihn auf sein Strohlager. Poul war dankbar dafür – aber er war dann so müde, dass der Schlaf lange nicht kommen wollte.

„Was stehst du hier rum?" herrscht ihn eine Stimme aus der Dunkelheit an. „Geh' und sieh nach, wie es dem lahmen Ochsen geht. Ich muss wissen, ob wir ihn hierlassen sollen."

Als ob ich Schuld daran hätte, dass der Ochse so dämlich gestolpert ist, denkt der Junge. Er hatte den Ochsenhändler gar nicht kommen hören oder sehen – bis der ihn anblaffte. Der Vater hatte Poul gewarnt. „Auf der Trift ist der Händler der König. Er trifft die Entscheidungen, er schafft Nachtquartier und von ihm bekommst du in Wedel dein Geld. Gutes Geld. Jeder Krug-Wirt wird sehr zuvorkommend sein, denn er will ja schließlich, dass der Händler auch mit seiner nächsten Trift bei ihm einkehrt. Deshalb wird es auch kein Krüger, der bei Verstand ist, wagen, allzu viele minderwertige Schachtelhalme unter das Heu zu mischen. Der Händler muss dem Krug-Wirt ganz und gar vertrauen können."

Wenn der Händler nicht selbst mitreise, sei der Futterbeschaffer der erste Mann. „Widersprich ihnen nie und tu, was sie sagen", hatte der Vater erläutert. Poul hatte zwar gedacht, dass er sich das als Sohn eines wohlhabenden jütländischen Viehzüchters eigentlich nicht gefallen lassen müsste. Aber der Vater hatte ihm eingeschärft, die Regeln zu beachten und Augen und Ohren offen zu halten. „Du sollst auch wissen, wie es zugeht, wenn die Tiere unseren Hof verlassen", hatte er gesagt. „Das wird dir später helfen, wenn du selbst an die Händler verkaufst."

Das mit den Augen ist schwierig heute Morgen, aber Poul trabt aus dem Schutz der Scheune hinaus. 70 Tiere gehören zur Trift, das ist viel. Es ist schon unter normalen Umständen nicht leicht, die Tiere beieinander zu halten, aber seit dem Sturz des Ochsen sind sie noch langsamer vorangekommen. Also waren sie auch später als geplant im Rothenkrug angekommen und hatten nur ein Gatter in größerer Entfernung vom Krug bekommen. Vielleicht, denkt Poul, als er durch den Regen läuft, finde ich in der Scheune nachher noch ein bisschen Stroh für die Schuhe.

Der Krug-Wirt hat gut für die Tiere gesorgt, obwohl sie so spät gekommen waren. Offenbar hatte der Händler im Voraus gut verhandelt, denn sie haben ordentliches Heu und reichlich Wasser bekommen. Aber es ist auch nicht zu übersehen, dass die Tiere in den vergangenen Tagen, seit sie auf dem Weg nach Süden sind, schon etwas abgemagert sind. Und nun haben sie über Nacht im Freien stehen müssen statt unter Dach. Deshalb sind sie unruhig, denn auch ihnen gehen der Regen und die März-Kälte auf die Nerven. Poul sieht, dass sie lieber auf den Weg gehen würden als hier noch lange zu stehen. Der lahme Ochse macht immerhin den Eindruck, als würde er weiter mitziehen können.

Aber der Händler entscheidet anders, als Poul und seine drei Treiber-Kollegen die Herde aus dem Gatter holen und zum Weg führen. „Du hast recht", sagt der Händler zu Poul, „vielleicht würde er es schaffen. Aber wir dürfen nicht riskieren, zu viel Zeit zu verlieren. Wir müssen in sechs, spätestens sieben Tagen in Wedel sein, um gute Preise zu erzielen. Mehr als 20 Kilometer schaffen wir ja kaum mal am Tag. Wenn dein Bruder morgen mit seiner Trift hier Quartier macht, soll sein Händler entscheiden, ob er ihn mitnimmt. Vielleicht tut ihm ein Tag Ruhe gut, aber ärgerlich ist das auf jeden Fall. Ich sage das dem Krüger. Wir stehen gut miteinander. Wenn der Ochse sich nicht erholt, behält der Wirt ihn." Dann wendet er sich an alle Treiber: „Macht euch auf den Weg. Ich hole euch ein."

Und immer noch fällt der Regen.

II.

Um festeren Tritt zu bekommen, versuchen die Ochsen am äußersten Rand des Wegs auf den Resten der Grasnarben zu laufen – aber auch die haben der Regen und die Hufe längst in Matsch verwandelt. Hier vor dem Kropper Busch ist der Weg nicht sonderlich breit, die Tiere bleiben dicht beieinander. So muss Poul nicht allzu viel Aufmerksamkeit aufbringen und kann seinen Gedanken nachhängen.

„Du weißt ja schon, dass wir die Tiere vier bis fünf Jahre aufziehen", hatte sein Vater begonnen. „Nach dem letzten Weide-Sommer kommen sie in den Stall und werden weiter gut gefüttert. Das ist dann auch die Zeit, in der die Händler auf den Hof kommen und die Tiere kaufen, die ihnen zusagen."

Poul erinnert sich, wie sein Vater und der Händler im vergangenen Herbst über den Preis und die Bedingungen verhandelt haben. Als endlich alles abgemacht war, wurde den Tieren das Zeichen des Händlers ins Fell geschnitten, um sie als dessen Eigentum zu kennzeichnen.

„Warum bringen wir die Ochsen denn nicht selbst auf die Märkte?"

„Damit sich das lohnt, müsste unser Hof viel größer sein und wir müssten uns auch erst das Wissen über den Handel verschaffen", hatte sein Vater geantwortet. „Lass uns bei dem bleiben, was wir können, aber du und dein

Bruder Esper, ihr sollt im Frühjahr ein paar Triften begleiten." Deshalb ist er nun hier.

„Du hast gesehen, dass immer etwa 30 oder 40 Ochsen vom Hof gehen. Bis zu 50 Ochsen, das ist eine normale Trift, das können drei Treiber gut im Griff behalten. Aber manchmal gehen auch mehr als 100 Tiere auf den Weg." Danach hatte sein Vater dann alles über die strenge Rangfolge, die auf der Trift herrscht, gesagt. Ohne zu murren hat Poul bislang die schäbigen Nachtquartiere hingenommen. Aber wie das Personal in den Krügen ihn angeschnauzt hatte, weil sie ihn für einen ganz normalen, wenn auch recht jungen Treiber hielten, das war ihm schon quer gegangen. „Her har I det" („Hier habt Ihr es") hat das Mädchen hingeworfen, das ihnen das Essen auf den Tisch geknallt hatte. Poul denkt sich, dass sie das beim Händler oder beim Vater bestimmt nicht wagen würde. Und wie er nun so am Rand des Weges durch den Regen trottet, etwa auf der Mitte der Herde, um schnell reagieren zu können, wenn ein Ochse vom Weg abkommen will, sehnt er sich sehr nach seinem Alkoven auf dem väterlichen Hof. Wenn ich doch wenigstens eine Decke für die Nacht hätte, denkt er.

Morgen sollen die Tiere einen Ruhetag bekommen. Das ist zwar unbedingt notwendig, damit die Tiere nicht überanstrengt werden, aber diesen Tag hat Poul beim ersten Mal zu fürchten gelernt. Er hat sich endlos gelangweilt, weil seine Treiber-Kollegen andere Ochsenhüter getroffen haben, die sie von früheren Triften kannten – und im Krug dann stundenlang Karten gespielt und gesoffen hatten und den Schankmädchen lästig gefallen sind. Am nächsten Tag waren sie aber frisch wie immer, keine Spur vom Gelage. Ihre sehnigen Körper gehorchten ihnen ohne Probleme. Nun ja, einige von ihnen sind auch schon seit Jahren auf der Trift, zweimal im Frühjahr und meistens noch einmal im Herbst. Drei Monate des Jahres bei jedem Wetter zu Fuß unterwegs.

Nicht einmal ein Dorf oder ein Städtchen lag in der Nähe. Das hatte sein Vater ihm ganz zu Anfang erklärt: „Der Weg meidet die Orte, weil es auf dem Land leichter ist, die Tiere beisammen zu halten. Stell dir vor, was passieren könnte, wenn Ochsen in der Stadt aus der Herde ausbrechen: Panik unter den Tieren, Panik unter den Menschen … Ihr werdet einen alten, schon seit ewigen Zeiten bestehenden Weg nutzen, der um die Städte herumführt und euch von Herberge zu Herberge bringt. Die Krug-Wirte sind auf die Triften eingerichtet und haben alles, was Treiber und Tiere brauchen."

So kommt es, dass Poul außer Matsch, Wiesen, Krügen und Ochsenhintern unterwegs nicht viel zu sehen bekommt, obwohl er zwischen dem elterlichen Hof und dem Ziel an der Elbe fast 300 Kilometer zurücklegt.

III.
Es regnet nicht richtig, stattdessen liegt feuchter Sprüh in der Luft, also nutzt Poul den Rasttag, um am Ufer des Flüsschens herumzustreifen, das sie am Ende des Tages mit ihrer Trift durchwatet haben. Er kommt bis zu einer Stelle, an der das Flüsschen sich weitet und mehrere kleine Inseln umströmt, dann dreht er um. Er hofft, dass am Abend sein Bruder Esper mit seiner Trift hier ankommt.

Als er spät in den Krug zurückkehrt, sieht er die anderen Treiber wie üblich Karten spielen. Er will schon wieder hinausgehen, um noch einmal nach den Ochsen zu sehen und dem Wachgänger ein bisschen Gesellschaft zu leisten, da fällt sein Blick auf zwei Männer, die sich durch ihre Kleidung von den anderen unterscheiden: lange dunkelgraue Überwürfe, die fast bis zum Boden reichen und durch einen Gürtel am Körper gehalten werden. Es scheinen sehr fest gewebte Stoffe zu sein. Zur Seite haben sie einen festen Stecken, auf der Bank liegt neben dem Älteren der beiden ein seltsamer Hut, an dem – je nachdem wie Poul sich bewegt – im Licht etwas blinkt. Der sieht, wie Poul die beiden betrachtet, und sagt: „Nun?"

Poul zuckt zusammen, denn er ist es nicht gewohnt, von Fremden angesprochen zu werden, dann merkt er, wie sein Gesicht heiß wird. „Tritt heran", fordert der Unbekannte ihn auf. Poul macht zögernd einen Schritt auf sie zu.

„Wir sind Franziskaner auf dem Weg nach Rom", sagt der Ältere, „wir unternehmen eine Pilgerreise. Hier", fährt er fort und nimmt den Hut in die Hand, „siehst du die Abzeichen meiner früheren Pilgerreisen." Er deutet auf das, was Poul hatte blinken sehen: kleine Schildchen aus Metall mit einer Gravur.

„Wir kommen von der Insel Fünen", sagt der Jüngere. Poul wahrt immer noch Abstand, denn sein Vater hat ihn gewarnt. „Es gibt viel loses Volk auf den Wegen, das nichts anderes im Sinn hat, als arglose Reisende übers Ohr zu hauen oder auszuplündern. Na ja, bei dir gibt es nichts zu holen, aber sei trotzdem vorsichtig." Aber von Pilgern hat Poul schon einmal gehört.

„Wir wollen einmal Rom sehen", sagt der Jüngere wie zur Bestätigung. Nun kann Poul doch nicht widerstehen. „Warum?" will er wissen.

„Dort entsteht die prächtigste Kirche der Christenheit und dort wirkt der Stellvetreter des Herrn auf Erden", sagt der Ältere, „warum sollten wir das nicht sehen wollen?"

Nun ist Poul endlich im Bilde. Also sind Franziskaner Katholiken, denkt er. Er selbst wird im lutherischen Glauben seiner Eltern und Großeltern erzogen, also sagt er lieber nichts. Stattdessen fragt er sich, wie diese Reise eigentlich funktionieren soll. „Ist das weit?" fragt er zögernd.

„Wir hoffen, vor Mariä Himmelfahrt anzukommen und zu Weihnachten die feierlichen Gottesdienste erleben zu dürfen."

Damit hat Poul nun nicht gerechnet. Wenn er es recht weiß, liegt Mariä Himmelfahrt spät im Sommer. „So lange zu Fuß?" fragt er entgeistert.

„Das ist der Sinn einer Pilgerreise", sagte der Ältere. „Mit wenig auskommen und die Gedanken in Demut auf den Herrn richten. Wir haben nur bei uns, was du siehst, und übernachten bei unseren Brüdern oder wie heute in einem Krug. Gestern haben wir in Schleswig im ehemaligen Kloster übernachtet. Jetzt ist es ein Armenhaus und wir haben bei der Versorgung seiner Bewohner geholfen und dafür Nachtquartier bekommen. Immer im Gasthof zu übernachten, können wir uns nicht leisten."

Das würde ja, denkt Poul im Umkehrschluss, bedeuten, dass sie morgens nicht schon wissen, wo sie abends unterkommen. Poul fragt.

„Ja, das kann passieren", sagt der Ältere, „aber wir wissen natürlich, wo unsere Brüder ihr Amt versehen, oder können zumindest nach ihnen fragen. Von Brüdern im Glauben werden wir immer aufgenommen."

„Immer möchten wir ja auch nicht unter diesen rauen Gesellen nächtigen", sagt der Jüngere und weist auf die Tische, an denen die Treiber sitzen. „Aber auf dem Weg der Ochsen zu reisen ist lange Gewohnheit unter uns Franziskanern, weil der Weg bekannt und besser zu nutzen ist als alle anderen Wege. Wenn es nicht gerade nur regnet und man ständig versinkt."

„Und was habt Ihr also bei euch?"

DER ALTE OCHSENWEG

„Ein wenig Kleidung zum Wechseln, ein Messer und einen Löffel, einen Becher, einen Schlauch für Wasser oder Wein unterwegs, ein Paar Schuhsohlen als Ersatz, Nähnadel und Faden, eine Angel. Und unseren Freibrief. Mit ihm beweisen wir, wer wir sind. Je südlicher wir kommen, desto öfter sind auch Krugwirte Brüder im Glauben. Manche geben uns ein kostenfreies Quartier, wenn wir uns ein wenig nützlich machen. Oder eben im Kloster."

Poul ist ratlos und beeindruckt zugleich. Die Gegenwart der beiden macht ihn unruhig, also wünscht er ihnen nach einer kleinen Pause eine gute Reise und geht hinaus. Über das Gehörte muss er nachdenken. Längst ist es dunkel. Vom Wachgänger seiner Trift erfährt er, dass keine andere Trift mehr eingetroffen sei. Also auch Esper nicht.

IV.
Nach 14 Tagen, am Ende der Trift, bekommt Poul dann doch noch etwas zu sehen: ein unglaubliches Gedränge auf dem Marktplatz und in den angrenzenden Straßen des Städtchens Wedel nahe der Elbe. Überall Menschen, überall Fuhrwerke. Hier wird ruhig verhandelt, mehrmals schlagen die Parteien ihre Hände aneinander, dort wird lauthals geflucht und gezetert, fast scheint es, als beginne gleich eine handfeste Prügelei. Und manch ein Ochsentreiber scheint die Ankunft am Ziel feiern zu wollen mit einem ordentlichen Besäufnis in einem der unzähligen Krüge, die Poul sehen kann, wenn er sich nur einmal um sich selbst dreht.

Der Händler ist inzwischen hellwach, verflogen ist die matte Behäbigkeit und Gereiztheit, die Poul unterwegs zu spüren bekommen hat. Poul steht neben ihm, im Rücken die Roland-Statue, wie er eine auch schon in Bramstedt gesehen hat, und hört zu.

„Wir sind rechtzeitig", sagt der Händler zufrieden, „auf den Wiesen, die du dahinten siehst, der Stock genannt, stehen unsere Ochsen schon. Es ist noch nicht so voll, aber viele Händler, an die ich im vergangenen Jahr verkauft habe, sind auch schon hier. Wenn es gut läuft, haben wir unsere Ochsen in drei Tagen los."

Schon setzt er sich mit erstaunlich schnellen Schritten in Bewegung. Der Weg führt leicht bergab und kurz vor dem Flüsschen, das sich durch die Wiesen ringelt, biegen sie vom Weg ab und hinein ins Gewühl. „Ich hoffe, dass sie wieder bei mir kaufen", sagt er, als habe das Gespräch gar keine Unterbrechung erlebt, „denn ich bekomme gutes Geld von ihnen. Ich lege großen Wert auf langfristige Beziehungen. Deshalb kaufe ich auch immer bei deinem Vater. Er wartet jetzt auf sein Geld, deshalb muss ich hier gute Preise erzielen."

Poul erinnert sich: Zwar ist der Preis vereinbart, aber der Tradition entsprechend hat der Händler die Tiere noch nicht bezahlt. Das macht er erst, wenn er sie seinerseits verkauft hat. „Ich verlasse mich darauf, dass dein Vater die Tiere, die ich im Herbst gekauft habe, ordentlich durch den Winter bringt, damit sie die Trift gut überstehen, und er verlässt sich darauf, dass er nach der Trift sein Geld von mir bekommt", erläutert der Händler. Poul versteht, dass zwischen Kauf und Bezahlung also ein halbes Jahr liegt, dass Ehrlichkeit und gegenseitiges Vertrauen demnach die wichtigste Geschäftsgrundlage sind. „So läuft das", sagt der Händler, als sie bei ihren Tieren ankommen, „und meine Söhne werden eines Tages auf deinem Hof kaufen."

Das leise Schmunzeln verschwindet schnell wieder aus seinem Gesicht. „Und nun steh hier nicht rum, sondern hol dir eine Bürste und säubere ihnen das Fell, damit sie ein bisschen proper aussehen. Achte vor allem auf die Kletten."

Während Poul also die Ochsen bürstet, als habe er Pferde vor sich, hat er ein Stimmengewirr in den Ohren, von dem er nur das wenigste versteht. Hier kommt alles zusammen, wird der Händler ihm später erklären. Verkäufer aus Friesland und Dänemark treffen auf Käufer aus den Elbmarschen, dem Münsterland, dem Rheinland, Holland oder sogar dem Norden Frankreichs. Staunend hört Poul, wie der Händler geläufig zwischen Dänisch, Deutsch oder Plattdeutsch hin und her wechselt. Mit einem Holländer verständigt er sich „op platt". Ein paar Mal haben die beiden ihre Hände schon weit ausschwingend aneinander geschlagen. „Mokt wi dat nu so?" fragt der Händler in diesem Augenblick. Der Käufer lässt seinen Blick über den Markt schweifen, nun schaut er dem Händler blitzschnell wie prüfend direkt in die Augen, dann schwingt sein rechter Arm wieder weit aus ... und die Hände von Käufer und Händler treffen sich: „Affmokt."

Beide holen kleine Schreibtafeln aus ihren Jacken. „30 Ochsen nimmt er uns ab", sagt der Händler zu Poul, „großartig. Jetzt notieren wir das Geschäft auf diesen Tafeln. Dann erfahre ich vom Käufer, von wem ich das Geld bekomme. Das ist immer ein vertrauenswürdiger Mann: der Faktor. Vermutlich ist er in Hamburg. Schließlich kann ja auf diesem Markt niemand mit großen Geldbeuteln unter den Kleidern herumlaufen. An Ort und Stelle werden nur kleine Geschäfte mit Talern auf die Hand bezahlt, aber nicht so große wie unseres", erläutert er, während er schon alles in seine Tafel einträgt. Am Ende vergleichen sie ihre Einträge, dann geben sie sich noch einmal die Hand.

Als der Käufer in der wirbelnden Menge verschwunden ist, fragt Poul, was denn passiere, wenn Meinungsverschiedenheiten oder Streit aufkommen oder wenn eine Seite das Gefühl habe, betrogen zu werden.

„Dann müssen sich die Beteiligten unter dem Roland da oben treffen und die Angelegenheit mündlich vor dem Amtmann des Grafen Ernst schlichten."

Ob der Händler denn sicher sein könne, dass der Käufer ihm den richtigen Namen des Geldvermittlers genannt habe?

„In diesem Fall ja, denn es ist der gleiche wie im vergangenen Jahr."

„Vertrauen", sagt Poul.

„Richtig. Und niemand hat Lust, einen Streit vor Gericht auszutragen. Das kann Jahre dauern."

Damit der Markt überhaupt geordnet ablaufen und bei der Verschiffung der Ochsen über die Elbe kein Betrug vorkommen könne, habe Graf Ernst vor einigen Jahren eigens eine neue Marktordnung erlassen, erzählt der Händler noch. Dann begrüßt er einen neuen Interessenten, den er auch gut zu kennen scheint.

V.

Der Roland also. Dass die Figur auf dem Sockel so genannt wird, hat Poul in Bramstedt gehört. Und diese Figur ist also auch einer, obwohl er gar keine Ähnlichkeit mit dem in Bramstedt hat.

„Das ist auch nicht wichtig", sagt der Händler, als sie am Mittag des folgenden Tages – alle Ochsen sind verkauft, es ging noch schneller als gedacht – gemeinsam von den Wiesen her auf den Marktplatz mit der Figur zugehen. „Er steht stellvertetend für das geltende Recht, also für den Landesherrn, er hat sozusagen ein Auge drauf. Sieh, es findet gerade eine Verhandlung statt."

Poul erfährt, dass alle Händler, Käufer wie Verkäufer, Einheimische wie Fremde, berechtigt seien, ihren Sachverstand anzubieten, indem sie an Gericht und Richterspruch teilnehmen. Alle Händler zusammen werden ‚der Kaufmann' genannt.

„Ah, sie haben offenbar ein Urteil gefunden", sagt der Händler, als Bewegung in die Menge vor dem Roland kommt. „Die Verhandlung ist zuende, jetzt muss der Amtmann noch einen Urteilsbrief ausstellen. Dann müssen ..."

„Dat's doch dumm' Tüüch", ruft einer der Männer, die in der Mitte der Versammlung stehen, erregt aus.

Der Händler übersetzt für Poul und kommentiert, der Herr, offensichtlich auch ein Verkäufer, sei wohl nicht zufrieden mit dem gefundenen Urteil.

Nach dieser kleinen Szene betreten sie den Krug gleich hinter dem Roland. Er ist gesteckt voll, es ist laut, weil alle gleichzeitig reden, die Luft ist schlecht, sie müssen sich regelrecht durch die Menge drängeln. Sie finden die anderen Treiber in einer Ecke bei offenen Fenstern, sie haben Krüge auf dem Tisch und besprechen sich. Das ist der Augenblick, in dem der Händler ihnen ihren Lohn aushändigen kann.

„Morgen gehen wir auf den Rückweg", sagt der Futterbeschaffer zu Poul, „wir wollen heute noch ein paar Dinge besorgen, um die sie uns zuhause gebeten haben, Leder, Taschen ... und dann müssen wir sehen, dass wir nach Hause kommen, damit wir noch eine zweite

UNTERWEGS UM 1610 – SO KÖNNTE ES GEWESEN SEIN

Trift kriegen." Er zeigt Poul die Geldstücke in seiner Hand und sagt: „Wie du siehst, bekommen wir ordentliches Geld, mehr, als mancher Handwerker zu Hause in zwei Monaten verdienen kann."

Auch Poul bekommt eine kleine Summe – und ein Lob vom Händler. „Ich muss jetzt also nach Hamburg, um das Geld zu holen", sagt er dann, „ich fahre erst übermorgen. Halt' dich an die anderen. Du hast ja gehört: Es muss schnell gehen. Schuhe in die Hand und los geht's. Sie werden nicht zimperlich sein mit dir. Mach's gut und grüß deinen Vater. Ich zahle ihn aus, sobald ich wieder in Vejle bin."

So könnte es gewesen sein

Die Darstellung „Unterwegs um 1610" beruht im Wesentlichen auf Brinkmann (1861), Achelis (1931), Wiese (1963), Ohler (1994) und einzelnen Texten in „Von Wegen" (2002) sowie Quellen-Abschriften im Stadtarchiv Wedel. Sie spielt etwa um das Jahr 1610, der Blütezeit des jütländischen Ochsenhandels kurz vor dem Dreißigjährigen Krieg (1618–1648). Ein Hinweis darauf ist die Erwähnung des Grafen Ernst, der die Grafschaft Holstein zwischen 1601 und 1622 für die Schauenburger regiert. Lt. Wiese (1963), S. 109, passierten im Jahr 1610 mehr als 45.000 Ochsen die Zollstelle bei Rendsburg; der deutlich größte Teil davon dürfte dann in Wedel verkauft worden sein.

Die Stockwiesen in Wedel heute: Hier hat sich im 16. und 17. Jahrhundert der Ochsenhandel abgespielt.

UNTERWEGS IM GRENZLAND – SØNDERJYLLAND

Wie wir gesehen haben, lässt sich die Spezialisierung der Dänen auf die Viehzucht unter anderem auf die ertragsärmeren Böden Jütlands zurückführen. Und was den Handel mit den Tieren angeht, konnten sie auf den lange vor der Hoch-Zeit des Ochsenhandels etablierten Nord-Süd-Weg Richtung Deutschland und Westeuropa setzen: Sein Hauptstrang verläuft von Norden her wie schon skizziert über Viborg und Kolding nach Haderslev und von dort über Flensburg ins heutige Deutschland hinein.

Dass der Weg für die Dänen nicht gleichfalls der Oksenvejen sondern der Hærvejen ist, mag mit der Verwicklung Dänemarks in die internationalen Kriege des Mittelalters zu tun haben – und mit der besonderen Wachsamkeit der Dänen gegenüber dem unmittelbaren Nachbarn im Süden. So müssen wir uns das wohl erklären, dass sich die militärische Nutzung des Weges in der Wahrnehmung vor die wirtschaftliche geschoben hat. Gleichwohl stoßen wir aber vor allem in Sønderjylland hin und wieder auch auf eine Straße mit dem Namen Okse[n]vejen; wir können davon ausgehen, dass das nicht zuletzt etwas mit dem Charakter der Gegend als Grenzregion zu tun hat: Alte Gewohnheiten setzen sich eben durch ...

Wir können mit unserer Erkundung an der Kongeå (deutsch: Königsau) beginnen. In der Höhe von Kolding entspringt das unscheinbare Flüsschen und fließt von dort nicht etwa in die nahe Ostsee ab, sondern macht sich die Mühe, fast ganz Sønderjylland mit dem leichten Gefälle von Ost nach West zu durchqueren und in die Nordsee zu münden. Diese geographische Eigenheit hat die Kongeå nach dem Deutsch-Dänischen Krieg von 1864 zum Grenzfluss werden lassen – so wie die Eider quer durch Schleswig-Holstein den Dänen als Grenzfluss wünschenswert schien. Wir können die Kongeå als Grenze nachvollziehen, wenn wir das Land auf der Nationalstraße 32 durchqueren: Immer mal wieder begegnet sie uns auf diesem Weg von Lunderskov über Foldingbro nach Ribe.

Im Übrigen gilt für den Süden Dänemarks, was später auch für Schleswig-Holstein gelten wird: Es gibt nicht den einen ‚richtigen' Ochsenweg, sondern mehrere Haupt- und diverse Nebenrouten. Mit dem gleichen Recht, mit dem wir in Kolding beginnen, könnten wir auch das Städtchen Vejen zum Ausgangspunkt machen. In jedem Fall stoßen wir auf dem Weg zur Landesgrenze überall auf historische Krüge, Bach-Furten, Grabhügel und Brücken, die eine

Die Immervad Bro (Immervad Brücke) nördlich von Hovslund

mehr oder weniger starke Beziehung zum Ochsenweg haben.

Einigen von ihnen schenken wir unsere Aufmerksamkeit, wenn wir an der Kongeå beginnen: dem Königsschloss Skodborghus und dem Mikkelborg Kro bei der Ortschaft Skodborg, der Brücke von Foldingbro, der Feldstein-Kirche von Oksenvad, dem Herrenhaus Vojensgaard bei Vojens ... Die legendäre Immervad Bro (Immervad Brücke) nahe Hovslund rechnen die Dänen unter ihre nationalen Denkmale; 1787 aus gewaltigen Granitquadern erbaut, dürfte sie die letzten großen Ochsentriften noch erlebt haben. Mittlerweile steht sie unter Denkmalschutz, spannt sich seit einer Flußregulierung aber nicht mehr über die Immervad Å, hier auch Rudbæk genannt; die Au fließt jetzt nördlich an der alten Brücke vorbei.

Historisches Bild vom Ochsenweg bei Bommerlund. Der Weg entlang des Wäldchens ist bis heute identifizierbar – wenngleich inzwischen befestigt.

Im grenznahen Aabenraa (im Deutschen: Apenrade) zieht uns vor allem die historische Altstadt mit ihren geschlossenen Bauensembles von liebevoll sanierten Bürger- und Handwerkerhäusern aus dem 18. und frühen 19. Jahrhundert an. Typisch sind die giebelständigen Häuschen mit einer Utlucht, einem Vorsprung aus der Gebäudefront als Teil des Innenraums. Sehenswert sind die Straßen Slotsgade (Schlossstraße) und Nygade (Neue Straße) sowie der fast schon frühklassizistische Postmeisterhof von 1758 in der Søndergade; die leicht ansteigende enge Store Gade ist eine wichtige Einkaufsstraße. Aabenraa hat stets eine enge Beziehung zur Ostsee unterhalten: ob als Seefahrer- und Fischerstadt – die drei Heringe im Stadtwappen legen Zeugnis davon ab – oder auch als Werftstandort. Weniger bekannt ist sie als Geburtsort von Ernst Reuter (1889–1953), dem (inzwischen) legendären Berliner Bürgermeister zwischen 1947 und 1953.

In Aabenraa geht es vorwiegend dänisch und ein bisschen deutsch zu; bis heute ist das Städtchen Standort der Deutschen Büchereizentrale und einer deutschen Privatschule – so wie es in Flensburg auch eine dänische Schule gibt. Was nun den eben erwähnten Krieg von 1864 angeht: Schon in Kürze werden wir uns leider etwas intensiver mit ihm und seiner Vorgeschichte beschäftigen müssen. Die gute Nachricht ist aber: So wechselvoll und aufgeladen mit symbolischen Handlungen die deutsch-dänische Geschichte insbesondere zwischen 1815 und 1920 auch war, so sehr überwiegt doch heute das friedlich-freundliche Nebeneinander, das Verständnis für einander, gar das herzliche Miteinander.

VON BOMMERLUND IN DIE WELT

Südlich von Aabenraa, im Norden von Bov, stoßen wir erstmals auf eine Ortsbezeichnung, die uns Deutsche aufhorchen lässt: das Wäldchen Bommerlund Plantage an der Straße Hærvejen. Bommerlund? Die historische Anekdote geht so: Im Jahr 1760 nimmt der Gastwirt Peter Schwennesen, dessen Bommerlund Kro direkt am Ochsenweg steht, einen französischen Reiteroffizier auf, pflegt ihn gesund und versorgt dessen Pferd. Am Ende erweist sich allerdings, dass der Offizier die Rechnung für Kost und Logis nicht zahlen kann. Stattdessen bietet er Schwennesen das Rezept für einen Aquavit an. Schwennesen, ohnehin darauf bedacht, seinem Krug einen Vorteil vor den Mitbewerbern insbesondere im nahen Gejlå Kro zu verschaffen, akzeptiert das Rezept, besorgt sich eine Lizenz zum Brennen von Alkohol – und los geht's. So beginnt die Erfolgsgeschichte des Bommerlunder Aquavit. Nach Schwennesens Tod 1805 geht der Krug noch durch die Hände mehrerer Nachkommen und angeheirateter Familienmitglieder; 1911 schließlich übernimmt die Spirituosenfirma Hermann G. Dethleffsen aus Flensburg die 1895 angemeldeten Markenrechte. Gebrannt wird der „Bommerlunder" bis heute – mittlerweile allerdings in Niedersachsen.

Südlich der Bommerlund Plantage liegt das Örtchen Bov. Hier, kurz vor der dänisch-deutschen Grenze, teilt sich der Weg in zwei Trassen. Eine führt nach Niehuus und von dort nach Flensburg hinein, die andere umgeht Flensburg über Simondys und am Handewitter Forst entlang. Möglicherweise steht diese Wegteilung in Beziehung zu dem 1582 von der Flensburger Obrigkeit ergangenen Verbot, die Ochsen künftig noch durch die Stadt zu treiben. Grund

Schmal und steil: Auf dem asphaltierten Krummen Weg heißt es für Radfahrer, aufzupassen.

DER ALTE OCHSENWEG

Auf historischem Boden: Angesichts der kleinen Steine des historischen Krummen Wegs ahnen wir, welch eine Mühsal der Straßenbau im 17. und 18. Jahrhundert gewesen sein muss ...

dafür könnte sein, dass die Herden in den vorausgegangenen Jahren immer umfangreicher geworden sind und eine sichere Passage durch die Stadt nicht mehr zu gewährleisten war.

So schmal die Cimbrische Halbinsel zwischen Flensburg und der Nordsee auch ist: Grenzübergänge sind in dieser Region doch reichlich zu finden. Vom kleinen Übertritt für Fußgänger und Radfahrer bis zur vierspurig ausgebauten Autobahn gibt es außer den 16 offiziellen Schlagbäumen auch noch eine Reihe von kleinen, verschwiegenen Pfaden. Einen davon werden wir gleich entdecken.

Wenn wir von Bov (DK) her die Radwanderroute über Rønsdam nach Niehuus (D) wählen, kommen wir auf den so genannten Krummen Weg, eine Nebenstrecke der historischen Ochsenweg-Trasse. Auf dänischer Seite ist in Rønsdam kurz vor der Grenze ein kleines Stück der historischen Wegpflasterung des Krummen Wegs (neben und etwas unterhalb der hier schmalen, steil abwärts verlaufenden Anliegerstraße) freigelegt worden.

Nach einer letzten Rechtskurve, in der wir zur Linken einen phantasievoll gestalteten Vorgarten bewundern können, geht es ein Stück leicht abwärts zwischen Feldern hindurch auf den Schlagbaum zu. Dieser Grenzübergang ist Fußgängern und Radfahrern vorbehalten, ebenso wie der nur wenige Kilometer nach Osten liegende Übergang Schusterkate (der in Zeiten, als es noch selbstverständlich Grenzkontrollen gab, also vor dem Schengener Abkommen, nur tageweise zu bestimmten Zeiten

Gute Nachbarschaft: Der Schlagbaum zwischen Rønsdam und Niehuus steht Radfahrern und Fußgängern jederzeit offen. Wir schauen von Dänemark nach Deutschland ...

... und neben dem Schlagbaum gibt es noch eine Holzpforte eigens für Fußgänger. In der Bildmitte der deutsche Grenzstein.

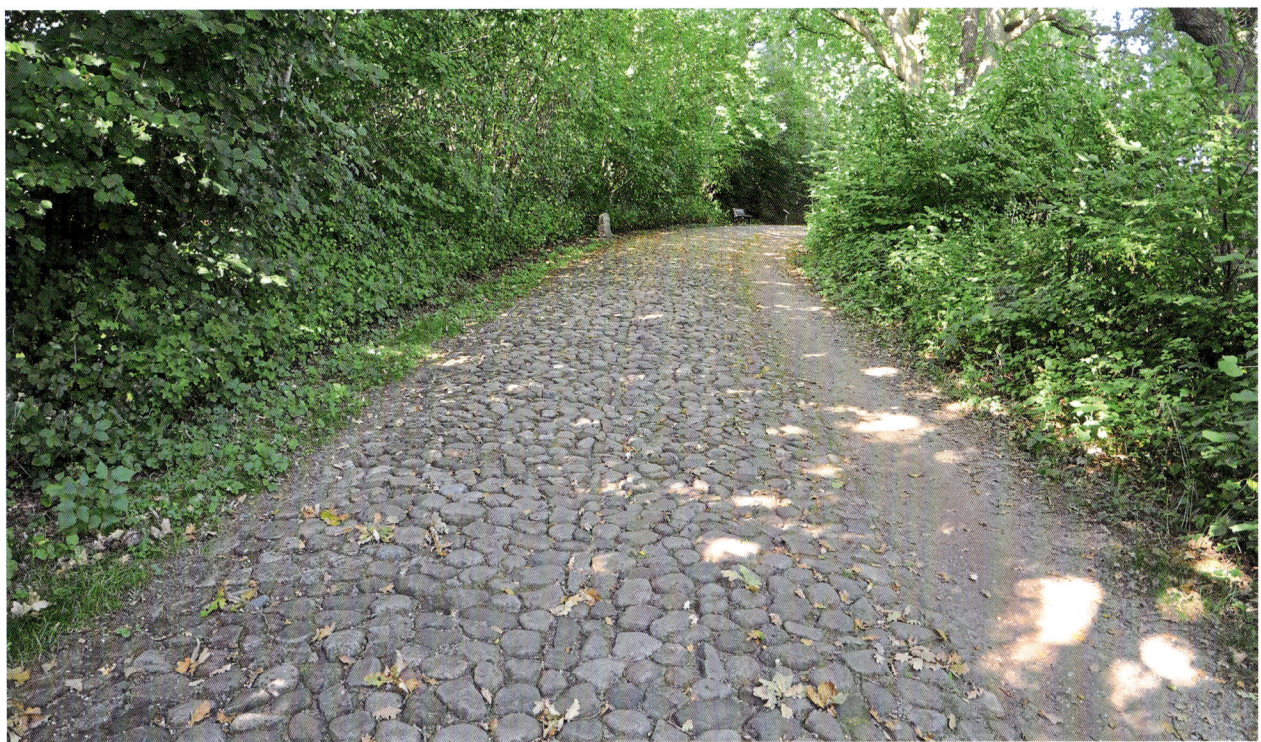

Der rekonstruierte Krumme Weg auf der deutschen Seite:

Dieser Wegepflichtstein „Sünderup" wurde beim Bau eines Privathauses wiedergefunden und hier aufgestellt, um an die historische Praxis der Wege-Unterhaltung zu erinnern.

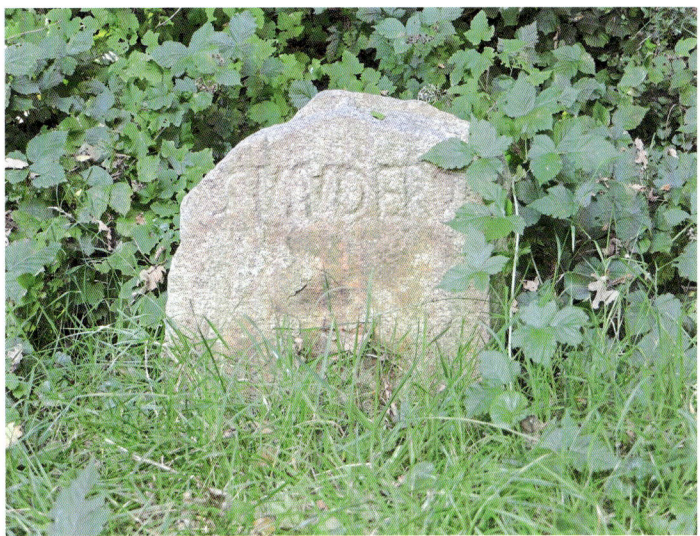

geöffnet war ...!). Der Schlagbaum von Niehuus steht immer offen, ein Pfeiler in der Straßenmitte verhindert den Autoverkehr; im Bedarfsfall ließe der sich allerdings entfernen.

Auf der deutschen Seite wurde ein Stück Pflaster des Krummen Wegs rekonstruiert; daneben gibt es zu beiden Seiten eine kleine Fahrrinne für Radfahrer. Rechts am Weg finden wir ein (hierher versetztes) Relikt aus alten Zeiten: einen so genannten Wegepflichtstein. Noch bis in das frühe 19. Jahrhundert hinein wurden am Rand von Verkehrswegen Natursteine mit einem Ortsnamen aufgestellt; die jeweils vermerkte Gemeinde – in diesem Fall Sünderup – war zuständig für den Unterhalt des betreffenden Wegestücks.

Nach wenigen Metern und einer weiteren Rechtskurve finden wir zur Rechten den Hügel der ehemaligen Burg Niehuus, einer spätmittelalterlichen Zollstelle an einer Furt durch die

DER ALTE OCHSENWEG

Der Verlauf des dänischen Gendarmenstieg ist mit einem eiligen blauen Grenzschützer markiert.

Von der spätmittelalterlichen Burg Niehuus hat sich nur ihr Erdhügel erhalten.

Für den ganz kleinen Grenzverkehr: die Kruså-Brücke hinter der ehemaligen Burg, im Vordergrund die deutsche, im Hintergrund die dänische Pforte.

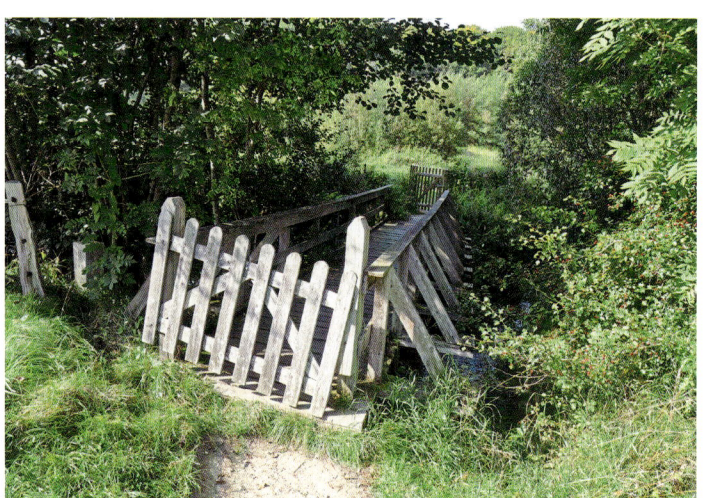

Kruså, die sich hier durch das Gelände schlängelt. Burgen sind in Schleswig-Holstein aber keine finsteren, Verliese-reichen Backstein-Kolosse mit Zugbrücken und Weinkeller, sondern entweder kreisrunde Erdwälle, in die sich die Bevölkerung einer Region im Falle eines Überfalls flüchten konnte, oder ein ein- bis zweistöckiges befestigtes Haus auf einem Erdhügel, das der Kontrolle über die unmittelbare Umgebung diente. Von der Burg Niehuus hat sich dieser Erdhügel enthalten.

Unmittelbar am Fuß der Burg verläuft ein Stück des so genannten Gendarmenstiegs, eines ehemaligen Patrouillenwegs der dänischen Grenzpolizei. Wenn wir dem Weg ein kleines Stück folgen, kommen wir zu einer Holzbrücke über die Kruså – und damit zu dem eben versprochenen verschwiegenen kleinen Grenzüber-

VON BOMMERLUND IN DIE WELT

gang. Hier wacht nun wirklich niemals irgendjemand; wir überqueren die Brücke und stehen wieder in Dänemark. Der Gendarmenstieg zwischen Høruphav (auf der dänischen Insel Als) und Padborg diente der allgemeinen Grenzüberwachung und natürlich der Dingfestmachung von Schmugglern; heute ist er ein beliebter Wanderweg.[16]

Nach wenigen hundert Metern kommen wir in die Ortschaft Niehuus. Die Radwegroute durchquert den Ort entlang der Straße Schloßberg; hier stoßen wir auf einen interessanten Wegweiser unserer Erkundungstour.

Es ist immer wichtig, zu wissen, woher man kommt. Wir kommen also von dort hinten – und drehen uns jetzt um, bis um unseren Weg bis an die Elbe fortzusetzen.

Bei Niehuus haben sich die Eiszeiten in die Landschaft eingeschrieben: Das Tunneltal verdankt sich einem Gletschervorstoß.

---

16 Als erste Information vgl.: www.visitsonderborg.de/sonderborg/erlebnisse/gendarmenpfad-84-km-qualitaet-wanderweg [Zugriff vom 25.09.2020].

Leider unsensibel: Das Nordertor, immerhin Flensburgs Wahrzeichen, wurde regelrecht eingekeilt zwischen dem Science-Museum und einem überdachten Fahrradunterstand.

FLENSBURG: BETRIEBSAM UND GELASSEN

Über Klueshof und die Flensburger Neustadt kommen wir nach Flensburg hinein. Der Weg führt uns direkt zur ersten Sehenswürdigkeit, dem berühmten, 1595 oder 1596 erbauten Nordertor, das die frühneuzeitliche Stadtgrenze nach Norden markierte. Und wir sind ein wenig enttäuscht: Es wirkt kleiner, als wir es uns vorgestellt hätten. Das liegt nicht zuletzt an der Tatsache, dass es längst nicht mehr frei steht, geschweige denn Teil eines Restes einer Stadtmauer wäre (was es nie war). Vielmehr wurde 2008 ein Science-Bildungszentrum nahtlos an das Tor angebaut; dessen Baukörper und Glasfassade nehmen dem Tor seine architektonische (und historische) Wirkung. Das als eine „städtebaulich unbefriedigende Lösung"[17] zu bezeichnen, ist noch vorsichtig ausgedrückt.

Die Lösung ist umso überraschender, als Flensburg und seine Bürger sich der Reize ihrer Stadt durchaus bewusst und, wie wir gleich sehen werden, überall sonst bedacht sind, schonend und bewahrend damit umgehen.

---

17 So Astrid Hansen: Flensburg. Kleine Stadtgeschichte. Regensburg: Pustet 2020, S. 143.

FLENSBURG: BETRIEBSAM UND GELASSEN

Achtung, Radfahrer: Die Radwegroute führt nicht in die Flensburger Innenstadt, sondern hinunter zur Förde bzw. zur Schiffbrücke mit dem Museumshafen. Es empfiehlt sich, die Räder hier auf der Höhe des Schiffahrtsmuseums abzustellen und die Innenstadt zu Fuß zu erkunden. Angesichts der vielen so genannten Höfe mit ihren reizvollen kleinen Geschäften und Cafés ist das ohnehin die deutlich praktikablere Lösung!

An der Nordseite des Tores, quasi seiner Außenseite, finden wir das Wappen von König Christian IV. (links) und jenes der Stadt Flensburg.

Die Stadt Flensburg ist über Jahrhunderte aus mehreren Kirchspielen zusammengewachsen. Umso erstaunlicher ist die verständliche Topographie der Innenstadt, die sich ihrerseits zweifellos aus dem Einschnitt der Förde als landschaftsprägendem Element ergeben hat. Sie liegt ziemlich parallel zur wichtigen Einkaufs- und Wohnstraße, von der aus sich die Innenstadt erkunden lässt.

An das Nordertor schließt sich die Norderstraße an; alternativ erreichen wir sie von der Schiffbrücke her durch die Norderfischerstraße. Wir wenden uns südwärts und haben jetzt einen guten Kilometer Einkaufsstraße, meistenteils Fußgängerzone, vor uns. Die Einkaufszone ist aber nicht das Entscheidende: Es lohnt sich, wenn wir uns ab sofort viel Zeit nehmen und alle Details der Häuser, ihrer Fassaden und Hinterhöfe in aller Ruhe auf uns wirken lassen.

Die Schiffahrt ist in Flensburg allgegenwärtig; hingegen erinnert heute nur noch wenig an die Vergangenheit als Transitstation des Ochsenwegs. Das ist umso erstaunlicher, als der Ochsenhandel in früheren Jahrhunderten eine große Bedeutung für die Wirtschaft der Stadt hatte. In manchen Jahren passierten offenbar nicht weniger als 4000 von Flensburger Kaufleuten in Jütland erworbene Ochsen den Gottorfer Zoll.[18] Vielleicht hängt es aber auch mit dem eben erwähnten Passage-Verbot von 1582 zusammen; die Ausweichroute, teilweise die heutige Straße namens Ochsenweg, führte um die Stadt herum.

Die Flensburger widmen ihren Häusern viel liebevolle Pflege.

---

18 Vgl.: Gerhard Kraack: Flensburg in der frühen Neuzeit 1517-1721. In: 700 Jahre Stadt Flensburg. 1284 bis 1984. Eine kleine Stadtgeschichte. Flensburg: [o.V.] 1984, S. 42-81, hier: S. 54 (= Kleine Reihe der Gesellschaft für Flensburger Stadtgeschichte, 11).

DER ALTE OCHSENWEG

Nur ein sehr indirekter Hinweis auf die einst große Bedeutung als Handelsplatz für Ochsen ist dieser Hausschmuck in der Norderstraße; er ist aber ein Beispiel für den heutigen pfleglichen Umgang mit historischen Details.

Eine Parallelstraße zur Norderfischerstraße ist der Oluf-Samson-Gang. Abgesehen von der liebevollen Herrichtung der Häuschen gibt uns dieser Gang einen Hinweis darauf, wie wir uns das frühneuzeitliche Stadtbild von Flensburg denken können: Hervorgegangen aus einem Kaufmannshof, der dem Reeder Oluf Samson gehörte, entstanden hier zahlreiche schmale Häuschen, in denen Handwerker und Hafenarbeiter wohnten. In den vergangenen 20 Jahren hat das bürgerliche Flensburg das Sträßchen für sich entdeckt und die Häuser aufwändig renoviert; so ist ein Touristenmagnet aus dem Gang geworden.

Unser Weg führt nun über den Nordermarkt mit der spätgotischen St.-Marien-Kirche, die das Zentrum des nördlichsten der erwähnten Kirchspiele bildet. Sehenswert sind vor allem die Epitaphe an der Nordwand und die bronzene Taufe (die in einer Seitenkapelle versteckt ist) sowie – an einem sonnigen Spätvormittag – die farbigen Glasfenster.

Am Nordermarkt selbst (ab hier heißt die Norderstraße nun Große Straße) entdecken wir ein erkennbar im Übergang vom Spätmittelalter zur Frühen Neuzeit errichtetes Backsteinhaus mit einem traufständigen Arkadengang: Das Schrangen genannte Haus von 1595 gehörte in der frühen Neuzeit unter anderem auch einem Ochsenhändler; unter den Arkaden hatten außer Schlachtern auch Bäcker ihre Stände.[19] Wenige Meter mediterraner Atmosphäre, während uns wie so häufig in dieser Stadt dänische Laute um die Ohren fliegen – denn in Flensburg geht es vorwiegend deutsch und ein bisschen dänisch (sowie ein bisschen international) zu. Der Schrangen wird heute teilweise von der benachbarten Kirchengemeinde St. Marien genutzt.

Während wir von Nord nach Süd durch die Einkaufszone laufen, fallen uns zur Linken – also zur Wasserseite hin – und vereinzelt auch zur Rechten immer wieder schmale Durchlässe in so genannte Höfe auf. Es lohnt sich in vielen

Farbenfroh und (im Sommer) blumenreich zeigt sich der Oluf-Samson-Gang zwischen Norderstraße und Förde.

---

19 Vgl.: Gerhard Kraack: Der Schrangen am Nordermarkt. In: Flensburg um 1600. Ausgewählte Beiträge. Flensburg: Gesellschaft für Flensburger Stadtgeschichte 2006, S. 235–260, hier: S. 246–249.

FLENSBURG: BETRIEBSAM UND GELASSEN

Markantes Eckhaus auf dem Nordermarkt: der Schrangen von 1595, also aus der Zeit des Nordertors. Im Hintergrund der Kirchturm von St. Marien.

Restaurants, Cafés und Kunsthandwerk sind in die ehemaligen Höfe eingezogen. Die kleinteilige Architektur, die uns so romantisch anmutet, sollten wir aber verstehen als Hinweis auf die frühere Nutzung als Kleine-Leute-Quartiere.

Fällen, diese Höfe zu entdecken. Sie erzählen ein Stück Stadtgeschichte,[20] denn sie waren einst Warenlager und Handwerkshof der Flensburger Kaufleute, die Verbindungen in die weite Welt unterhielten; deshalb sind sie in der Regel zum Wasser hin ausgerichtet. Heute dienen sie vielen kleinen Kunsthandwerks- und Spezialitäten-Läden sowie Cafés und Restaurants als urige Unterkunft. Bunt-fröhliche Akzente setzen hier bis in den Spätsommer hinein zudem die allgegenwärtigen Blumen und Rankpflanzen.

Ja, die Flensburger wollten zu allen Zeiten über ihre Stadt hinaus. Und wem fiele zu

---

20 Als kompakter Überblick über die Stadtgeschichte eignet sich neuerdings das schon erwähnte Buch von Astrid Hansen.

Nach der Destillation muss der Rum in Fässern reifen. Ausgediente Fässer als Marketing-Deko zu verwenden – wie hier in der Großen Straße –, liegt also nahe, ist aber auch historisch gut begründet.

Der Salondampfer „Alexandra", gebaut 1908, ist nach seiner aufwändigen Instandsetzung wieder regelmäßig mit Fahrgästen auf der Förde unterwegs.

Flensburg – mal abgesehen von der Verkehrssünderkartei – nicht als erstes der Rum ein. Dass Flensburg zu einem Schwerpunkt der Rum-Destillation und -Reifung werden konnte, hat seinen Ursprung in den Verbindungen der Kaufleute und Reeder des 17. und 18. Jahrhunderts nach Jamaika und auf die Jungferninseln. Rum ist bis heute allgegenwärtig in der Stadt; Genußproben für Kenner und solche, die es erst noch werden sollen, sind vielfach möglich.

Die Fußgängerzone bringt uns schließlich auf den Südermarkt mit St. Nikolai, der größten Kirche der Stadt und Zentrum des zweiten großen Kirchspiels. Die Kirche wurde in den Jahren zwischen 1390 und 1480 erbaut. Im Innern fallen sofort die sechs massigen Rundpfeiler auf; von besonderem Interesse ist wiederum die Taufe, die von den vier Evangelisten getragen wird.

Das Kompagnietor von 1602, errichtet wie auch der Schrangen von dem Baumeister Dirick Lindingk.

Das nahe Haus Südermarkt 12 gehörte in den Jahren des lebhaften Viehhandels zeitweilig einem Ochsenhändler.

Den südlichen Abschluss unseres Weges bildet die schmale, liebevoll inszenierte Rote Straße, überregional bekannt als gern genommener Schauplatz von Filmdrehs und auch durch den Flensburger Weihnachtsmarkt, der hier beginnt und sich bis zum Nordermarkt zieht. Von hier aus finden wir den Anschluss an die Förde und wandern wieder nordwärts, vorbei am Museumshafen – mit ein bisschen Glück sehen wir den Salondampfer „Alexandra", wenn er nicht gerade unterwegs ist – und vorbei am Kompagnietor, dem zweiten erhaltenen Stadttor (das allerdings nur eine symbolische Tor-Funktion hatte).

Vieles gäbe es noch zu erzählen. Wer sich Flensburg für einen besonderen Besuch aufsparen will, umfährt die Stadt auf der ausgeschilderten Radwegroute über Harrislee, Simondys und den Handewitter Forst nach Sankelmark; alternativ steht auch der lange, aber etwas triste Bogen der Straße „Ochsenweg" Richtung Jarplund zur Verfügung, vermutlich eine der Original-Trassen.[21] Parallel ziehen sich auch Wegereste über den Naturerlebnisraum Schäferhaus.

---

21 Vgl. dazu auch: BZ [= Bernd Zich]: Straße „Ochsenweg". In: Von Wegen. Auf den Spuren des Ochsenwegs (Heerweg) zwischen dänischer Grenze und Eider. Hg. von der Arbeitsgemeinschaft Ochsenweg e.V. Flensburg: Universität Flensburg 2002 (= Flensburger Regionale Studien, 12), S. 66.

DER ALTE OCHSENWEG

IM GRENZLAND DER DEUTSCHEN SEITE

Die erste Station südlich von Flensburg ist der historische Krug in Bilschau, den wir etwas zurückgesetzt westlich von der Schleswiger Straße (Landesstraße 317, ehemalige B 76) finden. Seine Geschichte reicht zurück bis in das Jahr 1582, also die Hoch-Zeit der Ochsentriften. Er diente als wichtige Übernachtungsstation. Später wurde er mehrfach in die kriegerischen Auseinandersetzungen zwischen Deutschland und Dänemark Mitte des 19. Jahrhunderts hineingezogen.

Zum Zeitpunkt dieser Kriege gab es den (heute) ältesten Teil des Kruges, den „Utspann" links vom Haupteingang, bereits. Als (Post-)Kutschen noch das bevorzugte Mittel der Personenbeförderung waren, hatten die meisten Gasthöfe einen solchen „Utspann", also ein Durchfahrtshaus, unter dessen Dach die Passagiere aussteigen und den Gasthof mittels Verbindungsgang trockenen Fußes erreichen konnten. Hier wurden auch die Pferde aus dem Geschirr ausgespannt („utspannt") und mit einem Umhänge-Sack Hafer versorgt. Der „Utspann" des Bilschauer Krugs stammt aus dem Jahr 1835.

Die Bilschauer Krug ist seit 1582 bekannt und gehört zu den historischen Unterkünften am Ochsenweg.

IM GRENZLAND DER DEUTSCHEN SEITE

Das rekonstruierte Langbett von Munkwolstrup.

Von dieser historischen Praxis fand das Wort „ausspannen" dann in unsere Umgangssprache hinüber. Wenn wir „ausspannen", legen wir unser „Geschirr" des Alltags ab, ent-spannen uns, befreien uns aus dem Alltäglichen (beziehungsweise machen „fofftein", wie es auf Platt – auswärtigen Gästen sei das erläutert – hier im Norden heißt. „Fofftein", also 15, steht für eine kurze Pause – eben etwa 15 Minuten).

Sehr viel weiter zurück in die Geschichte geht es wenige hundert Meter südlich des Bilschauer Kruges auf der anderen Straßenseite: und zwar rund 5500 Jahre. Bei Munkwolstrup haben Archäologen um das Jahr 2000 herum rund drei Jahre lang ein Grabhügelfeld untersucht und schließlich ein Großsteingrab rekonstruiert. Bekannt war den Wissenschaftlern die Existenz der Anlage aus einer Reisebeschreibung, die der Apenrader Propst Troels Arnkiel (1638–1712) 1690 verfasst hat:

„*... bey dem Krug Bilschau, im Kirchspiel Oeversee liegen an der Heerstraßen verschiedene ansehnliche Heydengräber. Das erste ist 130 Schritt lang und 10 Schritt breit, da sind gestanden 60 Steine auf jeder Seiten, und fünff große Steine als Felsen an jedem Ende. Das andere Begräbnis ist 60 Schritt lang und 20 Schritt breit, an jeder Seiten sind gestanden 30 Steine ...*",

heißt es unter anderem in dieser Beschreibung.[22] Diese wie auch viele andere Anlagen, die nicht mehr durch die ursprünglichen Erdhügel überwölbt waren, sind vor allem zwischen dem 15. und 19. Jahrhundert als Steinbruch für allerlei Straßen- und Kirchenbauten verwendet

---

22 Zitiert nach: BZ [= Bernd Zich]: Munkwolstrup. In: Von Wegen. (2002), S. 94f., hier: S. 94.

Der Informationspavillon am Parkplatz ordnet die Bedeutung der Anlage von Munkwolstrup für uns ein.

worden; deshalb stehen wir heute häufig nur noch vor den Resten der einstmals teils sehr großen Gräber. Zu dieser Anlage, die seit ihrer Eröffnung für interessierte Touristen unter dem Namen Arnkiel-Park bekannt ist, gehören aber auch drei erhaltene Hügel.[23] Wie wir all das heute verstehen und einordnen können, erläutert uns ein nahe gelegener, luftig gebauter Informationspavillon, bei dem wir auch eine Sitzgruppe als Picknick-Gelegenheit finden.

Dass die L 317 hier der Trasse des historischen Ochsenwegs folgt, ist kein Zufall. Die Stelle ist die einzig mögliche Passage zwischen dem Sankelmarker See und dem unmittelbar östlich gelegenen Moränenzug. Kein Wunder also, dass dieses landschaftliche Nadelöhr am 6. Februar 1864 Schauplatz eines Gefechtes zwischen deutschen und dänischen Truppen wurde. Die Dänen hatten hier eine Stellung bezogen, um ihren Rückzug auf die Düppeler Schanzen zu decken, vorrückende österreichische Truppen, im Bündnis mit der preußischen Kriegspartei, griffen die Stellung an. Verluste gab es an diesem Nachmittag reichlich – gezählt wurden fast 1500 Tote –, einen Sieger nicht.[24]

Und so treffen wir entlang der L 317 – wiederum nur etwa 500 Meter südlich des Arnkiel-Parks – auf zwei Denkmale, wie sie charakteristisch sind für das 19. Jahrhundert. Denn kriegerische Auseinandersetzungen sind in dieser Zeit untrennbar verbunden mit national-heroischem Pathos und dem Gedenken an die im Dienst an ihren Ländern getöteten Soldaten. Deshalb finden wir links und rechts der Straße in Sichtweite von einander zwei Denkmale für die dänischen und die österreichischen Opfer des so genannten Gefechts von Oeversee. Das dänische Denkmal zeigt eine schlanke Säule auf einem Sockel-Stumpf, das österreichische Denkmal ist eine Pyramide aus behauenen Feldsteinen über einem kreuzförmigen Grundriss.

Einen Ausläufer des erwähnten Moränenzugs erklimmen wir übrigens, wenn wir uns das österreichische Denkmal näher ansehen wollen. Zu unseren Füßen haben wir vom Denkmal aus auf jeder Straßenseite einen Parkplatz: ein

---

23 Zu vorgeschichtlichen Untersuchungen in Munkwolstrup vor 1963 vgl.: Jakob Röschmann: Vorgeschichte des Kreises Flensburg. Neumünster: Wachholtz 1963, S. 436–443 (= Die vor- und frühgeschichtlichen Denkmäler und Funde in Schleswig-Holstein, VI). Zur Wiederherrichtung vgl.: Bernd Zich: Die Megalithgräber in Munkwolstrup. In: Nordlichter. Geschichtsbewusstsein und Geschichtsmythen nördlich der Elbe. Hg. v. Bea Lundt. Köln: Böhlau 2004, S. 29–46 (= Beiträge zur Geschichtskultur, 27).

24 Zahlen nach: https://de.wikipedia.org/wiki/Schlacht_von_Oeversee; ein Auszug aus dem Jahre später veröffentlichten Kriegsbuch des Schriftstellers und Journalisten Theodor Fontane (1819–1898), uns am ehesten als Roman-Autor von „Effi Briest" bekannt, in: Von Wegen. (2002), S. 96f.

IM GRENZLAND DER DEUTSCHEN SEITE

Das Denkmal für die Kriegstoten der dänischen Seite auf der westlichen Straßenseite ...

... und die Feldstein-Pyramide für die österreichischen Opfer.

idealer Startpunkt für eine Rundwanderung um den idyllischen Sankelmarker See.

Achtung, Radfahrer: Der Rundweg um den Sankelmarker See ist stellenweise unbefestigt, teils sehr schmal und von Baumwurzeln durchzogen; seine Benutzung per Rad ist also teilweise beschwerlich. Auch für Menschen mit eingeschränkten körperlichen Fähigkeiten ist er nur auf kurzen Strecken problemfrei zu nutzen.

Wiederum nur ein paar hundert Meter weiter südlich finden wir das Dörfchen Oeversee. Kurz vor dem Ortseingang geht der Juhlschauer Weg ab in Richtung des Naturschutzgebiets „Düne am Treßsee". Der mittlerweile weitgehend verlandete Treßsee gilt als Quelle der Treene. Neben dem Treßsee liegt der kleinere Julesee; von hier aus lässt sich der höchste Punkt der Binnendüne gut erreichen.

Seine Entstehung verdankt Oeversee vermutlich der Tatsache, dass es hier eine gut passier-bare Furt durch die obere Treene gab, deren Vorhandensein den Ochsentreibern natürlich nicht entgangen war. Aber das Örtchen war auch Wegekreuz nach Westen; unmittelbar an der Kirche beginnt der Stapelholmer Weg, der über Tarp

Der Sankelmarker See lässt sich auf einem meist schmalen Wanderweg umrunden.

DER ALTE OCHSENWEG

Die Ufer des Julesee sind ein Schutzgebiet für Kreuzottern.

An einer Abbruchkante zeigt sich, dass der Untergrund des Wiesen- und Heidebodens tatsächlich aus einer nacheiszeitlichen Düne besteht.

bis nach Süderstapel führt. In dieser verkehrsgünstigen Lage gab es zu Ochsentrift-Zeiten natürlich auch wieder einen Krug (unmittelbar an der heutigen L 317); erstmals im Jahr 1519 erwähnt, dienen die jüngst renovierten Gebäude heute als Hotel.

Wahrzeichen des Örtchens ist aber der rund 800 Jahre alte, ausgesprochen wehrhaft wirkende, sehr geduckte Rundturm der St.-Georg-Kirche am Friedhof. Nach Norden hin weist er schmale Schießscharten auf. Altar und Taufe der Kirche stammen aus der Zeit ihrer Erbauung, das Triumphkreuz aus dem 15. Jahrhundert. Das Glockengestühl auf dem Turm – wie ein kleiner Kopf auf muskelbewehrtem Körper – kam erst später hinzu.

Nach kurzer schnurgerader Strecke auf der L 317 können wir schon wieder abbiegen: nach links, dem Hinweis Fröruper Berge folgend. Die Berge sind ein weiterer Ausläufer des von den

IM GRENZLAND DER DEUTSCHEN SEITE

Leben und Nachleben: Die St.-Georg-Kirche von Oeversee liegt inmitten ihres Friedhofs, aber der (postalische) Straßenname lautet „Am Brautplatz"...

Der Rundturm der Kirche diente im Mittelalter auch als Wehrturm; gut erkennbar sind die zahlreichen Maueranker, die die Feldsteinwand mit der inneren Turm-Konstruktion verklammern.

In der ehemaligen Kiesgrube in den Fröruper Bergen tritt an einigen Stellen das Geschiebematerial der Moräne zutage.

Gletschern der Kaltzeiten aufgehäuften Moränenmaterials, in diesem Fall einer Stauchendmoräne. Einen Park- bzw. Radplatz finden wir am Ende der Straße Frörupsand. Von hier aus erreichen wir in nur fünf Minuten die ehemalige Kiesgrube, heute ein waldgesäumtes, wiesenbewachsenes Tal. Durch das vor allem nach Süden greifende waldreiche Gebiet führen viele Wanderwege. Es lohnt sich, sich vorab kundig zu machen und sich zwei Stunden für einen Rundweg zu nehmen. Insbesondere unter der Woche sind wir hier allein mit der Natur; allenfalls, dass wir von ferne eine Kita-Gruppe hören, für die der Wald wohl ein einziger Abenteuerspielplatz sein muss ...

Auf der L 317 fällt uns kurz vor Süderschmedeby eine kleine Abzweigung nach links auf. Wer dem Weg folgt, der findet ein Straßenstück, das aus Granitquadern zusammengefügt ist. Es handelt sich um einen Rest der alten Chaussee zwischen Schleswig und Flensburg; die gut gefügte Steinsetzung ist allerdings erst etwa 120 Jahre alt. Der Wegrest belegt aber, dass der Heer- bzw. Ochsenweg einst mitten durch Süderschmedeby verlief.

Auf unserem Weg sind wir bisher der L 317 gefolgt, also der wahrscheinlichen historischen Trasse, nicht der Radwegroute, die sich vom Süden Flensburgs ihren Weg über Tastrup und die Feldwege nach Munkwolstrup sucht und das Gelände des Arnkiel-Parks unmittelbar streift, bevor sie die L 317 quert und auf Nebenwegen in Oeversee direkt an der Kirche herauskommt. Auf dem Stapelholmer Weg verlässt die Route den Ort wieder, quert wiederum die L 317 bei den Fröruper Bergen.

Südlich von Süderschmedeby hatten die Ochsentreiber die Wahl zwischen zwei Möglichkeiten: Einerseits verläuft die Flensburg-Schleswiger Chaussee ziemlich genau in Richtung Süden, andererseits gibt es auch Zeichen für eine alternative Strecke über Krittenburg nach Sieverstedt, beispielsweise ein Stück Hohlweg südlich von Krittenburg. Auf beiden Strecken allerdings muss die Bollingstedter Au durch- oder überquert werden; die Wahl der Trasse wird also – hier wie auch gelegentlich anderenorts – nach Erfahrung, Intuition, Größe der

Seit es die L 317 gibt, hat das kleine Stück der alten Chaussee von Schleswig nach Flensburg keinen Durchgangsverkehr mehr zu befürchten.

DER ALTE OCHSENWEG

Erkennbar unter Verwendung von behauenen Feldsteinen errichtet ist der Chor der Kirche von Sieverstedt. Sie war einst die Hauptkirche der umgebenden Region: der Uggelharde.

Aus den Fröruper Bergen kommend, verläuft die Radwegroute auf diesem Weg nördlich der Straße zwischen Tarp und Großsolt in Richtung Süderschmedeby.

Trift, Wetter und dem jahreszeitlich bedingten Zustand des Weges getroffen worden sein. Der Radwanderweg wählt die letztgenannte Route über Sieverstedt nach Stenderup und von dort nach Stenderupbusch, folgt hier also dicht einer historischen Wegführung.

Ganz im Osten von Sieverstedt liegt die Kirche des Ortes: auf einer Anhöhe, zu der eine kurze, aber schön dichte Allee hinaufführt. Oben angekommen sehen wir trotz der geweißten Außenmauern, dass es sich um eine Feldsteinkirche handelt. Sie geht wohl auf das frühe 12. Jahrhundert zurück[25] und wäre demnach – zusammen mit der in Bosau am Plöner See – eine der ältesten Kirchen im Land. Einen Turm hat

---

25 Ihr Bau soll auf ein Gelübde zurückgehen ... nun ja. Vgl.: Karl Viktor Müllenhoff: Sagen, Märchen und Lieder der Herzogthümer Schleswig, Holstein und Lauenburg [1845]. Schleswig: Bergas 1921, Nr. 144.

IM GRENZLAND DER DEUTSCHEN SEITE

Ein liebliches Auf und Ab, das viele Ausblicke erlaubt, charakterisiert die Landschaft im Nordosten Schleswig-Holsteins; hier südlich von Sieverstedt unmittelbar an der Radwegroute Richtung Stenderup.

sie nicht; wie bei vielen anderen in Schleswig-Holstein steht ein hölzerner Glockenturm neben dem Kirchenschiff.[26]

Wenn wir von der Kirche aus die unmittelbar neben dem Gemeindebüro liegende Straße wählen, identisch mit der Radwegroute, kommen wir über hügeliges Land in die Senke der Bollingstedter Au. Trotz der Hügel muss hier die günstigste Furt für die Durchquerung des Flüsschens gelegen haben – zweifelsfrei ein beschwerliches Stück Weg für Herde und Treiber. Ob es seinerzeit am Wegrand auch schon die üppigen Johannisbeerbüsche gegeben hat, lässt sich allerdings nicht sagen. Aus der Senke führt uns der Weg hinauf und hinein ins Dörfchen Stenderup.

Die Archäologie hat in diesem Gebiet zahlreiche Hinweise auf – fast alle längst geschleifte – Grabhügel gefunden; es scheint, als habe sich der Triftweg tatsächlich als „Grabhügelweg" entwickelt. Wenn wir der Radwegroute folgen,

---

26 Vgl.: Erwin Freytag: Aus der Chronik des Kirchspiels Sieverstedt. Ein Beitrag zur Geschichte der Uggelharde. Sieverstedt: [Sonderveröffentlichung des Angler Heimatvereins] 1951, v.a. S. 47–50.

DER ALTE OCHSENWEG

Südlich der Kirche von Sieverstedt fließt die Bollingstedter Au durch eine Senke. Weg und Furt (heute eine Brücke) sind Teil der historischen Trasse.

kommen wir hinter Stenderup auf einen asphaltierten Feldweg, der uns zu zwei der größten schleswig-holsteinischen Grabhügel und auf jeden Fall den beiden größten am Ochsenweg bringt: zuerst nördlich des Weges der Grönishy (dän.: Grüner Hügel), 60 Meter weiter auf der anderen Seite des Weges der etwas kleinere Harlhy (auch Hollhy genannt).

Der Grönishy, etwa acht Meter hoch, rund 30 Meter breit im Durchmesser und bewachsen von einem – man kann es nicht anders formu-

So wie der etwa acht Meter hohe Grönishy haben viele Grabhügel im Originalzustand ausgesehen. Hier wird deutlich, dass die Gräber in der Vorzeit als Wegorientierungen dienen konnten.

Der kleinere Harlhy auf der anderen Seiten des Weges; die Radwegroute führt zwischen beiden Hügeln hindurch.

Auf der historischen Trasse zwischen Stenderupbusch und Poppholz

lieren: – kleinen Eichenwäldchen, ist ansatzweise untersucht worden. Dabei sind zwei Steinsetzungen und ein Steinkreis entdeckt worden. Einigermaßen sichere Anhaltspunkte für das Alter haben sich dabei nicht ergeben; begründete Vermutung ist aber, dass der Grönishy aus der älteren Bronzezeit stammt und demnach rund 3500 Jahre alt sein dürfte.[27]

Kurz bevor der Wirtschaftsweg bei Stenderupbusch auf die alte Chaussee trifft, zweigt die historische Trasse nach links Richtung Süden ab und verläuft durch eine Pflanzkoppel. Auch die Radwegroute folgt dieser Trasse Richtung Poppholz. Links des Weges finden wir wiederum Grabhügel aus der älteren Bronzezeit; fünf haben sich erhalten, aber es werden ursprünglich wohl einige mehr gewesen sein.

Südlich der Häuser-Ansammlung Poppholz folgt die historische Trasse der Chaussee bzw. der L 317, während die Radwegroute ostwärts in die Felder abschweift und über Elmholz und Stolkerfeld ins Dörfchen Idstedt führt.

---

27 Vgl. dazu: BZ, GHM [= Bernd Zich, Gundula Hubrich-Messow]: Stenderup. In: Von Wegen. (2002), S. 105f.

DEUTSCH-DÄNISCHES, SELTEN FRIEDLICH

Weder in Stenderup noch in Stenderupbusch ist der imposante Doppelhügel Grönishy/Harlhy ausgeschildert; das ist schade. Ganz anders der deutlich weniger imposante „Poppostein" südlich von Poppholz, eine halb erhaltene Steinkammer eines Großsteingrabs aus der Jungsteinzeit. Dass der Stein sowohl von der Chaussee aus als auch vom Rastplatz „Sieverstedt" an der parallel laufenden L 317 umfangreich ausgeschildert ist, wird mit der Legende begründet sein, die sich um ihn rankt. Denn wahrhaft Historisches soll sich hier zugetragen haben: die Taufe des dänischen Königs Harald Blauzahn (ca. 910–987) um 965. Der hatte sich bis zu seiner Begegnung mit dem Schleswiger Bischof Poppo wenig beeindruckt vom Christentum gezeigt und soll erst anderen Sinnes geworden sein, als Poppo eine so genannte Gottesprobe vor ihm ablegte. Dabei soll der Missionar ein Stück glühenden Eisens in seiner Hand gehalten haben, ohne dass es ihn verletzt habe. Daraufhin habe Harald sich von ihm über diesem Poppostein taufen lassen – und sein Volk gleich auch noch. Nun ja: das Volk wenigstens symbolisch.[28]

Achtung, Radfahrer: Wer den Poppostein besichtigen will, muss von der Chaussee aus die L 317 am Flüsschen Helligbek entlang unterqueren. Das ist wegen der Treppen schon mal umständlich, und der weitere Weg an der Helligbek und dann an einem Knick entlang ist auch nicht wirklich fahrradtauglich. Am besten wird es also sein, wenn Sie Ihre Räder an der – wenig befahrenen – Chaussee anschließen und den Weg zum Poppostein zu Fuß (knappe zehn Minuten) absolvieren.

Die Unterquerung der L 317

---

28 Überliefert wird die Geschichte (ohne Ortsangabe) in der Kirchenchronik des Adam von Bremen und in der „Sachsengeschichte" des Widukind von Corvey (um 925–973); erst seit dem 16. Jahrhundert wird sie mit der Steinkammer in Verbindung gebracht. Zum Für und Wider der Quellen, Details und Interpretationen vgl. auch das 17. Kapitel in: Heidger Brandt: Haithabu und die großen dänischen Ringburgen. Analysen und Antworten ... Norderstedt: BoD 2004, S. 133–147; ferner: Erwin Freytag: Aus der Chronik des Kirchspiels Sieverstedt. Hg. vom Angler Heimatverein. Sieverstedt: [o.V.] 1951, S. 43–45, der von Brandt nicht herangezogen wird. – Karl Viktor Müllenhoff hat eine Variation der Gottesprobe-Legende in seine „Sagen, Märchen und Lieder der Herzogthümer Schleswig, Holstein und Lauenburg" (1845) aufgenommen. Vgl. Ausgabe Schleswig: Bergas 1921, Nr. 143.

DEUTSCH-DÄNISCHES, SELTEN FRIEDLICH

War das der Ort wahrhaft historischen Geschehens? Der Poppostein südlich von Poppholz

Auf den ersten Blick überraschend sind die vier Steine mit dem dänischen Königsmonogramm, die rings um den Poppostein im Boden stecken. Wir müssen dazu wissen, dass dieser Ort den Dänen wegen dieses legendären Geschehens viel bedeutete – obwohl gar nicht sicher ist, dass die Taufe tatsächlich hier stattgefunden hat. Sozusagen vorsichtshalber erwarb aber der dänische König die Steinkammer 1859, wohl nicht zuletzt, um den Anspruch seines Landes auf die südschleswigsche Region noch zusätzlich zu legitimieren.[29]

Die Idee und der Kauf muten uns etwas seltsam an; weil aber selten etwas ganz ohne Vorgeschichte geschieht, blicken wir schnell von 1859 aus ein paar Jahre in die jüngste Geschichte zurück. Denn wenn wir der Flensburg-Schleswiger Chaussee vom Poppostein weiter nach Süden folgen, kommen wir unversehens mitten auf das Schlachtfeld, auf dem sich der Ausgang des dänisch-deutschen Krieges von 1848/51 vorentschieden hat. So ist hier denn endlich der Ort, in aller Kürze auf die dänisch-deutschen Feindseligkeiten einzugehen.

Der Kampf um die Zu(sammen)gehörigkeit von Schleswig und Holstein hat diese Region zwischen Eider und Königsau tief geprägt. Dass Dänemark und Deutschland den je anderen misstrauisch im Auge behalten zu müssen

---

29 Diese Episode nach: Thomas Hill u.a.: Poppholz und Helligbek. In: Von Wegen. (2002), S. 107f.

DER ALTE OCHSENWEG

Die Alte Landstraße bei Idstedt-Kirche (links) ist Teil der historischen Trasse. Etwas rechts von der Bildmitte steht das Bronzezeitgrab, das den schleswig-holsteinischen Truppen beim Gefecht von Idstedt als Feldherrenhügel diente, dahinter finden wir die Idstedthalle.

glaubten, haben wir bereits gesehen. Losgelassene Emotionen, Wort und Widerwort, Zeitungen, Alltag und Gesetzgebung haben nach 1815 dafür gesorgt, dass die Auseinandersetzung schon im Vorfeld von 1848 zu einem unlösbaren Konflikt stilisiert werden konnte; mit den Freiheits- und Emanzipationsbestrebungen der 1840er Jahre wurde dieser Konflikt Dauerthema auf der politischen Agenda.[30]

In diesen Kämpfen, erst publizistisch, dann auch militärisch, geht es vor allem um die Selbstbehauptung der aufstrebenden Länder. Die Deutschen beharren auf der Zusammengehörigkeit bzw. Untrennbarkeit der Herzogtümer Schleswig und Holstein – was implizit auch heißt, dass die Grenze eben nicht die Eider sein kann. Als historisches Argument dient hierbei Friedrich Christoph Dahlmanns (1785–1860) Interpretation des so genannten Ripener Privilegs von 1460, das die Untrennbarkeit festzu-

---

30 Zur Vorgeschichte: Der nationale Gegensatz. 1800–1864. [Quellenheft] Erarbeitet von Henrik Fangel u.a. Hg. v. Institut für Regionale Forschung und Information im Deutschen Grenzverein e.V. Flensburg: [o.V.] 1984, v. a. die Nrn. 43–54. – Welch Ein-

schnitt der Krieg für die Zeitgenossen war, nicht zuletzt aufgrund des Selbst- und Heimatverständnisses, geht z.B. hervor aus: Erinnerungsblätter an die schleswig-holsteinischen Feldzüge von 1848–51 ... gesammelt u. hg. v. F. Möller. Altona: Reher 1888 – wenn hier auch die Perspektive durch den zeitlichen Abstand von 40 Jahren und die zwischenzeitlich erfolgte Reichsgründung etwas verzerrt erscheint. Vgl. z.B. auch: Freytag (1951), S. 194–196.

schreiben scheint.[31] Den Dänen andererseits ist gerade die Rolle als europäische Großmacht abhanden gekommen, weil (der schließlich 1815 besiegte) Napoleon sie zum Stillhalten gezwungen hatte; sie gehen bei ihrer Argumentation gegenüber Deutschland noch weiter zurück und beziehen sich auf die Eider als Grenze seit dem Mittelalter.

Die zwischen 1815 und 1848 von beiden Seiten kompetent angeheizten Abneigungen entluden sich in einem Krieg, der im „Tag von Idstedt" am 24./25. Juli 1850 kulminierte. Ein Heer von 36.000 dänischen Soldaten, das vor allem auf der eben besuchten Flensburg-Schleswiger Chaussee herangebracht worden war, traf dabei auf etwa 26.000 schleswig-holsteinische Soldaten. Der dänische Generalstab hatte seine Taktik zuvor im Bilschauer Krug besprochen. Aus der außerordentlich verlustreichen Schlacht – rund 10 Prozent aller Kämpfenden wurden verwundet oder getötet – und letztlich auch dem Krieg ging die dänische Seite als Sieger hervor.

Damit war die dänische Herrschaft über Südschleswig für weitere 14 Jahre festgeschrieben. Aber entschieden war doch nichts, denn die Dänen konnten die von ihnen angestrebte Grenze an der Eider wieder nicht erreichen. So kochten die Emotionen auf beiden Seiten weiter vor sich hin, bis die Siede den Deckel erneut in die Höhe trieb und unter anderem 1864 zur Schlacht von Oeversee führte ... und in den Jahren dazwischen kaufte der dänische König den Poppostein.

Blick über die Barrikade: Die Idstedthalle zeigt eine Ausstellung zu Vorgeschichte und Verlauf der entscheidenden Schlacht zwischen Deutschen und Dänen im Juli 1850.

Zeitgenössische Darstellung der Schlacht bei Oeversee

---

31 Vgl. dazu: Der Vertrag von Ripen 1460 und die Anfänge der politischen Partizipation in Schleswig-Holstein, im Reich und in Nordeuropa. Hg. v. Oliver Auge u. Burkhard Büsing i. Verb. mit der Gesellschaft für Schleswig-Holsteinische Geschichte. Ostfildern: Thorbecke 2012 (= Kieler Historische Studien, 43).

DER ALTE OCHSENWEG

Die Vorgeschichte und der Verlauf der Schlacht von 1850 werden in einem kleinen Museum unmittelbar am Rande des Schlachtfeldes bei Idstedt-Kirche westlich des Dörfchens Idstedt aufbereitet. In der 1930 eingeweihten Idstedthalle sind Uniformen, Helme, Gewehre und Pistolen, zahlreiche Dokumente und

Der Idstedter See liegt im Zentrum eines kleinen Netzes von Wanderwegen.

Zum steinzeitlichen Originalzustand von Großsteingräbern gehört der überwölbende Erdhügel wie beim Grönishy; bei der Idstedter Räuberhöhle ist er noch ansatzweise vorhanden.

… und so sieht es in der Grabkammer der Idstedter Räuberhöhle aus.

Zeichnungen von Soldaten zu sehen; hinter dem Haus befindet sich der deutsche Feldherrenhügel von General Wilhelm von Willisen, ein Grabhügel aus der älteren Bronzezeit. Das Denkmal auf der Kuppe wurde 1869 eingeweiht – nachdem die Zugehörigkeit des gesamten Landesteils Schleswig zu Deutschland für die folgenden 50 Jahre von den siegreichen Preußen durchgesetzt worden war.[32]

Nach dem Krieg von 1864 kam die Region dann als Provinz an das aufstrebende Preußen; Schlüsselereignis war die Schlacht an den Düppeler Schanzen auf heute dänischem Boden. Preußen verlegte die Grenze seines Staatsgebietes in der Folge des Kriegs von 1864 an das dänische Flüsschen Kongeå.

Nach dem Ersten Weltkrieg wurde die Grenze auf der Grundlage von Ergebnissen einer Volksabstimmung[33] im Jahr 1920 auf ihrer heutigen Linie gezogen. Auch der deutschen Seite gilt der Poppostein als identitätsstiftendes Denkmal: Er steht auf dem Territorium der Gemeinde Sieverstedt, die ihn – um ihren Anspruch auszudrücken wie zuvor der dänische König mit dem Kauf der Quadratmeter rund um den Stein – als zentrales Element in ihr Wappen aufgenommen hat. Und damit das Vorzeitgrab allein nicht etwa heidnisch gedeutet wird, wurde der Stein im Wappen mit einer Bischofsmitra versehen ...

Die historische Trasse entspricht von Idstedt-Kirche aus dem Verlauf der K 44. Zwar ist diese eine nicht allzu stark befahrene Straße, aber die Radwegroute hat natürlich ihre Vorteile. Wenn wir nach dem Besuch von Kirche und Museum in Idstedt den Anschluss an den Rad-

Kaum zu ahnen: Vom Fuß der Treppe zur „Idstedter Räuberhöhle" geht der Blick auf den Eingang zu einem denkmalgeschützten Teilstück der Original-Trasse auf der anderen Straßenseite.

Von Süden her beginnt der „Ochsenweg" nördlich von Lürschau mit diesem Hohlweg.

---

32 Zur Idstedt-Gedenkhalle auch: www.museen-sh.de/museum/DE-MUS-069118
33 Vgl. u.a.: Klaus Alberts: Volksabstimmung 1920. Als Nordschleswig zu Dänemark kam. Heide: Boyens 2019.

DER ALTE OCHSENWEG

Das sandige Mittelstück des Weges lässt uns die Beschwerlichkeiten der Treiber erahnen — denken wir es uns nur völlig aufgeweicht vom März-Regen ...

Feldweg bei Lürschau im Spätwinter: Nein, die Arbeit der Treiber wird zu Beginn der Trift-Saison Mitte März kein Vergnügen gewesen sein ...

weg suchen, passieren wir das jungsteinzeitliche Großsteingrab, das der Volksmund als Idstedter Räuberhöhle bezeichnet, sozusagen hinterrücks; wo der Radweg denn doch wieder auf die K 44 stößt, müssen wir uns, um die Räuberhöhle zu besuchen, nach rechts (Norden) wenden und der Straße für etwa 300 Meter folgen. Unmittelbar nach einer Rechtskurve stoßen wir auf den Zuweg zum Grab (mit einer erst jüngst erneuerten Info-Tafel am Fuß der holzverstärkten Treppe). Der Eingang ist offen; gelenkige Menschen können einen Blick in die Grabkammer werfen.

Wenn wir die Treppe wieder hinuntergehen, laufen wir auf eine dichte Baumwand auf der anderen Straßenseite zu; nur wer sehr genau hinsieht, entdeckt, dass auf der anderen Straßenseite ein schmaler Weg beginnt, zu erkennen eigentlich nur am Hinweisschild „Naturschutzgebiet". Keine Info-Tafel weist uns darauf hin,

DEUTSCH-DÄNISCHES, SELTEN FRIEDLICH

Der stille Arenholzer See dient den Einheimischen auch als Badesee.

Familie Schwan am Nordufer des Arenholzer Sees

dass hier ein Wegstück Richtung Lürschau beginnt, das wir uns bei unserer Spurensuche auf keinen Fall entgehen lassen sollten: eines der wenigen erhaltenen Original-Wegstücke des Ochsenweges. Allerdings ist schon dieser „Eingang" in keiner Weise für Fahrräder geeignet. Also nähern wir uns dem Weg von der anderen Seite, indem wir der K 44 ein Stück nach Süden folgen und zurückkehren auf die Radwegroute, die über die nach rechts abzweigende Straße Wilhelmslust (Richtung Lürschau) führt.

Kurz vor der Unterquerung der B 76 beginnt dieses Original-Wegstück rechts der Straße von Süden her. Auch hier gibt es keine Info-Tafel; einziger Hinweis ist eine verloren wirkende Rastplatz-Bank neben dem kaum wahrnehmbaren Beginn eines Hohlweges. Hier stellen wir

DER ALTE OCHSENWEG

Der historische Deckerkrug in Schuby ist heute ein Privathaus.

unsere Räder ab. Der denkmalgeschützte Weg führt über teils festen, teils locker-sandigen Boden eng und kurvenreich durch die Natur; das kurze sandige Mittelstück gibt uns einen authentischen Eindruck vom Zustand der Trasse im Mittelalter, das Auf und Ab des Weges lässt die Beschwerlichkeiten der Passage ahnen. Lassen wir uns aber von der heutigen Wegbreite nicht täuschen: In seiner Zeit als Ochsenweg-Trasse war er sicherlich weiträumiger.

Östlich dieses Wegstückes, vom Weg aus nicht zu sehen, liegt der Reth-See, südwestlich der deutlich größere Arenholzer See. Der Ochsenweg nutzt hier einen Engpass zwischen den Seen hindurch auf die so genannte Lürschauer Heide. Der Überlieferung zufolge soll hier im Jahr 1043 eine wegweisende Schlacht zwischen einer norwegisch-dänischen Streitmacht unter König Magnus dem Guten (um 1024–1047, König seit 1042) und einem slawischen Heer getobt haben. Die Dänen verließen das Schlachtfeld als Sieger und sorgten für die Neuordnung der Machtverhältnisse in Schleswig-Holstein. Neuerdings vertritt ein Teil der wissenschaftlichen Forschung die Auffassung, dass mit dem Schlachtfeld aber auch die Lejrskov Hede im südlichen Jütland (westlich von Kolding) gemeint sein könnte.

Die Radwegroute führt zwischen den Seen hindurch ins Örtchen Lürschau und von dort nach Schuby. In Lürschau fällt uns wieder auf, was wir nun schon mehrmals in anderen Orten entlang des Weges beobachtet haben: dass die Erinnerung an die Opfer der deutschen-dänischen Kriege zwischen 1848 und 1864 in dieser Region sehr gepflegt wird. Hier wird der Bedeutungswandel, dem Denkmale allzeit unterworfen sind, spontan deutlich: Denn es geht ja

DEUTSCH-DÄNISCHES, SELTEN FRIEDLICH

längst nicht mehr darum, an Rivalitäten und Krieg als heroische Selbstbehauptung zu erinnern, sondern doch eher darum, die lokale im Rahmen der „großen" Geschichte sichtbar zu machen, wie sie sich ausdrückt in Personen, die zum Zeitpunkt der Ereignisse jeder im Dorf kannte. Diese persönliche Erinnerung war neben dem nationalistischen Pathos immer ein mindestens gleichrangiger Impuls für die Stiftung eines Denkmals. Heute wird damit also eher ein Stück Ortsgeschichte wachgehalten; auch in Schuby stoßen wir an der Schleswiger Straße unvermutet auf ein kleines Grabmal als Gedenkstätte unmittelbar neben dem Fußweg.

Wir bleiben auf der Durchgangsstraße (Schubyer Weg); bei einem Blick auf unsere Straßenkarte erkennen wir, dass der Weg in Schuby ursprünglich über den heutigen Lürschauer Weg verlaufen sein dürfte, der dann seinerseits in den heutigen Straßenzug Bahnhofstraße/Am Ochsenweg überging. Das macht auch die Lage des historischen Deckerkruges als Raststation am Ochsenweg plausibel.

Schuby, erstmals in den Urkunden erwähnt im Jahr 1196, ist als Siedlungsort wohl noch deutlich älter. Abgesehen vom Grabhügel „Dronninghøj" (Margarethenhügel, quasi im Garten des Deckerkruges) erbrachten archäologische Grabungen in den 1980er Jahren Hinweise auf eine Reihe von Grundrissen für Grubenhäuser und auf die dörfliche Wirtschaft am Rande der Metropole Haithabu in der Zeit des 10. Jahrhunderts.

Ein paar Kilometer südlich von Schuby stoßen wir wieder auf eine Totengedenkstätte, allerdings gänzlich anderer Art als in Lürschau: Ihr jungsteinzeitliches Großsteingrab mitten im Ort (unmittelbar hinter der Bushaltestelle) hat die Gemeinde Hüsby mit einer Grünanlage umgeben. Der Dolmen taugt allerdings nur bedingt als Beleg für die These, dass diese Denkmale der

Weitab vom Schlachtfeld von 1850 erinnert in Schuby bis heute dieses kleine Grab an Claus Friedrich Jepsen aus Gammellund, gefallen in der Schlacht von Idstedt.

Der Dolmen an der Durchgangsstraße in Hüsby

DER ALTE OCHSENWEG

Der heutige Straßendurchlass von Hüsby zur Ortschaft Dannewerk schneidet den Danewerk-Wall.

Die Anerkennung als UNESCO-Welterbe wird mit dieser Bodenplatte signalisiert; die Senke im Wall dahinter deutet auf die Lage des „Wieglesdor".

Vorzeit für die Menschen der folgenden Jahrhunderte eine Orientierungsfunktion hatten – denn er stand ursprünglich etwa einen Kilometer westlich des Dorfeingangs.[34]

Nicht nur das Schlachtfeld von Idstedt und die kleinen Gedenkstätten erinnern uns daran, dass wir uns hier auf Gebiet bewegen, das lange zum dänischen Territorium gehörte. Auch die vielen Ortsnamen auf -by, auf die wir bis hierhin schon gestoßen sind, sind ein Hinweis auf diese Grenzlage; die Landschaft Angeln an der Ostküste Schleswig-Holsteins ist voll von Orten, die auf -by enden. Das sei betont, weil wir uns auf unserem Weg jetzt der mittelalterlichen Grenze zwischen den Ländern nähern. Ein paar hundert Meter südlich von Hüsby finden wir das von den Dänen errichtete aufwändige Grenzsicherungssystem: das berühmte, neuerdings (zusammen mit Haithabu) als UNESCO-Welterbe[35] anerkannte Danewerk.

Im Selbstverständnis und im seelischen Haushalt unserer dänischen Nachbarn spielt das Danewerk bis heute eine wichtige Rolle – wie uns schon auf den beiden Parkplätzen des dänisch geleiteten Danevirke Museum selbst mitten in der Woche anhand der Auto-Kennzeichen sehr deutlich wird.

Dieses Danewerk ist ein komplexes System von Wällen, Gräben und Mauern, das mit dem halbkreisförmigen Erdwall um die Siedlung Haithabu an der Schlei beginnt und sich von dort ostwärts und kurvenreich bis Hollingstedt hinzieht. Reste dieses Systems sind an vielen Stellen sichtbar: der Margarethenwall (zwischen Haithabu und der Ortschaft Dannewerk), die

---

34 Dass es zwischen Schuby und dem Danewerk einen „Grabhügelweg" gibt, ist belegt. Vgl.: Von Wegen. (2002), S. 118, 121 u. 126.
35 Alf Clasen: Welterbe – und was nun? In: Zeitungen der sh:z-Gruppe v. 7. Januar 2019.

Thyraburg, die berühmte Waldemarsmauer, eine (insgesamt vier Kilometer lange) Ziegelsteinmauer aus dem 12. Jahrhundert, ferner die rekonstruierte Schanze 14 und der anschließende Krummwall sowie der südlich vorgelagerte Kograben. Nicht nur ist das Danewerk eine für das Frühe und Hohe Mittelalter erstaunliche bauliche Leistung – es gilt auch als größtes archäologisches Denkmal Nordeuropas und als größtes lineares Naturschutzgebiet des Landes. Aber irgendwie fragt man sich, was um Himmels willen die Dänen eigentlich in ihren südlichen Nachbarn gesehen haben ...

Warum hier und warum so ... klärt wiederum ein Blick auf unsere Karte. Das System beginnt am westlichsten Ausläufer der Schlei und erstreckt sich bis an die Stelle, von der aus die Treene als natürliche Barriere nach Westen Richtung Eider fließt. Anders formuliert: Zwischen Haithabu und Hollingstedt ist Schleswig-Holsteins Landmasse so schmal wie nirgends sonst – und am leichtesten zu sperren.

Fast genau dort, wo heute die Straße von Hüsby her den Hauptwall schneidet, lag schon im frühen Mittelalter ein Durchlass: Im Jahr 2010 haben Archäologen eher zufällig das schon in den Fränkischen Jahrbüchern zur Zeit Karls des Großen (um 747–814) erwähnte „Wieglesdor"

Die Waldemarsmauer ist rund 850 Jahre alt

DER ALTE OCHSENWEG

Eine Senke im Wall weit westlich der Mauer: Auch hier können wir uns ein Tor für den Grenzverkehr vorstellen.

Der historische Rothenkrug unmittelbar am Danevirke Museum war einst eine wichtige Wegstation für die Ochsentriften.

rund 30 Meter westlich der Straße wiedergefunden; eine flache Stelle im Wall kennzeichnet heute das – im Hohen Mittelalter zugeschüttete – Tor. Weitere ehemalige Durchlässe sind erkennbar, wenn wir auf dem Hauptwall ein Stück Richtung Westen laufen.

Der beeindruckendste Teil des Sicherungswerkes ist zweifellos die Waldemarsmauer, die bislang zum großen Teil vom Erdwerk des Hauptwalls geschützt wird. Etwa 200 Meter hinter dem Danevirke Museum liegt ein rund 80 Meter langes Stück zu Anschauungszwecken frei; was andererseits auch heißt, dass die rund 850 Jahre alte Ziegelmauer Wind und Wetter und dem Mutwillen respektloser Touristen ausgesetzt ist. Die also dringend erforderliche Sanierung wurde im Sommer 2020 eingeleitet.

Wo sich genau der Durchlass für die Ochsentriften befand, bleibt einstweilen offen. Aus zwei Gründen erscheint aber vorstellbar, dass er auf

DEUTSCH-DÄNISCHES, SELTEN FRIEDLICH

Zur Thyraburg im Norden der Ortschaft Klein-Dannewerk müssen Weiden überquert werden.

der Strecke der Straße „[Am] Ochsenweg" nahe beim heutigen Schnitt des Walls bzw. beim „Wieglesdor" lag: weil einerseits der Weg auf der „deutschen" Seite schnurgerade und noch über die Kreuzung mit der K 39 (von Schleswig nach Hollingstedt) hinweg weitergeht, und weil andererseits unmittelbar am „Wieglesdor" der historische Rothenkrug als Trift-Station liegt.

▶ Einen markanten Punkt im Wallsystem bildet die Thyraburg, zu erreichen von der Straße Seeredder aus. Seeredder, weil die Burg einst am Ufer des (längst trockengelegten) Dannewerker Sees errichtet wurde, und Thyraburg, weil die dänische Königin Thyra Danebod (um 880–um 935) der langlebigen Legende zufolge den Bau des ersten Walls angeordnet hat. Wie sich aber aus dem Abgleich der biographischen und der archäologischen Daten ergibt, passen Legende und Wirklichkeit nirgends zusammen; und weil die Burg noch kaum archäologisch erforscht ist, bieten die Umstände ihrer Errichtung und Nutzung weiter Stoff für Vermutungen und Phantasie.[36]

---

36 Von einer Prinzessin Thyra – die sich nicht verheiraten will und deshalb wenig vornehmes Wesen zeigt – ist auch in der schon erwähnten Sammlung „Sagen, Märchen und Lieder ..." von Müllenhoff die Rede. Vgl. Ausgabe Schleswig: Bergas 1921, Nr. 44. Wie sich der Bau des Danewerks der Legende nach abgespielt haben soll: ebd., Nr. 433.

DEUTSCH-DÄNISCHES, SELTEN FRIEDLICH

An der Kreuzung mit der K 39 stoßen wir auf ein weiteres Paar gekreuzter Hörner und vor uns liegt wiederum ein mehrere hundert Meter langes Stück der historischen Trasse, wenn auch teilweise als wenig originalgetreue Schotterpiste. Dieser Weg endet jäh am Zaun des Luftwaffenflugplatzes Jagel.

Unmittelbar vor dem Zaun aber liegt ein weiterer Teil des Sicherungssystems Danewerk: der erwähnte so genannte Kograben. Der ursprünglich etwa sieben Kilometer lange Wall-/Grabenzug als vorgelagertes Geländehindernis ist nach Ansicht der Archäologen gegen Ende des 10. Jahrhunderts entstanden; kurz zuvor hatte der deutsche König und spätere Kaiser Otto II. (955–983) Haithabu und die angrenzende Region unter seine Kontrolle gebracht – und bei den Dänen das Bedürfnis nach Schutz und Sicherheit erheblich steigen lassen.

Südlich der K 39 auf der historischen Trasse des Ochsenwegs – die nach gut einem Kilometer abrupt vom Zaun eines Bundeswehrgeländes abgeschnitten wird.

Der Kograben einige hundert Meter südlich des eigentlichen Danewerks

DER ALTE OCHSENWEG

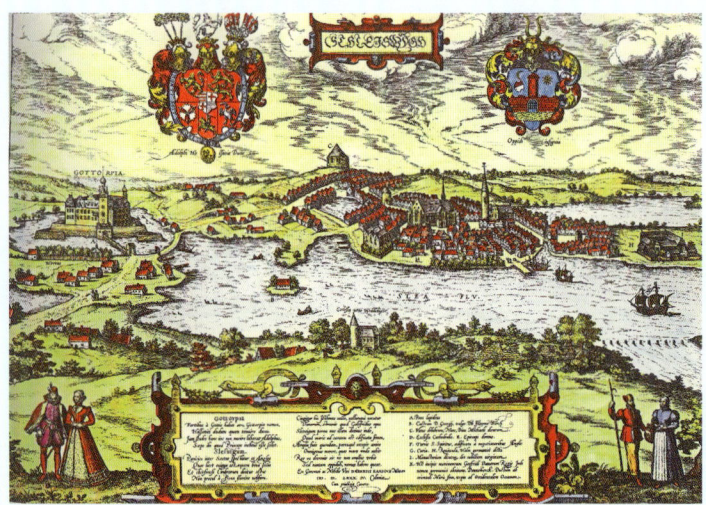

Schleswig um 1600. Ansicht aus der Sammlung „Civitates Orbis Terrarium" (1572ff.) von Georg Braun und Frans Hogenberg.

Auf jeden Fall einen Besuch wert: das Schleswig-Holsteinische Landesmuseum im Schloss Gottorf

UNBEDINGT: EIN BESUCH IN SCHLESWIG

Wenn Schleswig auch so direkt nichts mit Ochsenweg und -handel zu tun hat – wie wir gesehen haben, führt die historische Trasse über Lürschau, Schuby und Dannewerk um die Stadt herum –, so ist die Wikinger-Gründung wegen der vielfältigen Zeugnisse ihrer Geschichte und wegen ihres Charmes doch auf jeden Fall einen Abstecher wert.

Wikinger-Gründung, ja! Sie taucht in den Urkunden erstmals im Jahr 804 als Sliasthorp auf, wobei die Endung -thorp = -dorf auf eine

UNBEDINGT: EIN BESUCH IN SCHLESWIG

Nebensiedlung verweist. Denn so richtig beginnt die Geschichte von Schleswig erst, als jene des legendären Haithabu auf der anderen Seite der Schlei mit seiner gewaltsamen Zerstörung durch ein marodierendes Slawen-Heer im Jahr 1066 ein jähes Ende findet.

In den folgenden Jahrhunderten baut Schleswig seine Hafenanlagen aus, wird Handelsstadt, Bischofssitz, wird von den Schauenburger regiert, wird Residenz der Gottorfer Herzöge und Stadt der Musen … kein Herrscherwechsel, keine Landesteilung lassen Schleswig unberührt. Auch nur die Grundlinien der Historie nachzuzeichnen, ist an dieser Stelle nicht möglich.*

Im Stadtbild haben sich überall Spuren dieser wechselvollen Geschichte erhalten und deshalb nehmen wir uns ein paar Stunden, um die ganz eigene Atmosphäre dieser Stadt in uns aufzunehmen. Vom Danewerk kommend passieren wir nach einem ersten Blick auf die Schlei (und eine schlimme Bausünde aus den 1970er Jahren) das Schloss Gottorf, im 17. Jahrhundert Residenz der Gottorfer Herzöge und heute Sitz des Schleswig-Holsteinischen Landesmuseums. Von der Straße aus hinter dem Schloss liegt der Barockgarten mit dem berühmten Gottorfer Globus von 1650/54.

Wir fahren weiter in die Stadt hinein. Nahe dem Dom stellen wir unsere Räder ab. Im Dom sind vor allem das Chorgitter, Gewölbemalereien im Chor und dann natürlich der so genannte Bordesholmer Alter von Hans Brüggemann (um 1480–um 1540) sehenswert, fertiggestellt 1521,

Im späten Frühling und im Sommer ist der Besuch der Fischersiedlung Holm besonders lohnenswert.

Im Kreuzgang des St.-Johannis-Klosters fällt uns das Kreuzrippengewölbe auf.

einer der größten Altäre überhaupt in Deutschland. Brüggemann, ein Zeitgenosse von Veit Stoß und Tilmann Riemenschneider, führte die sakrale Schnitzkunst mit diesem fast 400 Figuren umfassenden Ensemble auf einen Höhepunkt; um die Details zu würdigen, empfiehlt es sich, ein kleines Opernglas dabei zu haben.

Vom Dom geht der Weg über den Marktplatz zum Holm, einer kreisrund angelegten ehemaligen Fischersiedlung, in deren Mitte sich ein Friedhof samt Kapelle befindet. Hier und in den dazugehörigen Nebenstraßen wenden die Bewohner viel Liebe und Sorgfalt für den Blumenschmuck vor den Häusern auf; Menschen vom Holm, so denken wir, kommen offenbar mit einem grünen Daumen zur Welt.

Kirche und Nebengebäude des St.-Johannis-Klosters

UNBEDINGT: EIN BESUCH IN SCHLESWIG

Auf dem Friedhof vor „seiner" Klosterkirche" liegt das Grab des ehemaligen Kantors und Lied-Komponisten Carl Gottlieb Bellmann; die Gedenktafel ist nun wirklich nicht zu übersehen ...

Am westlichen Ende des Holm finden wir das St.-Johannis-Kloster vor Schleswig, gegründet 1194 als Benediktinerinnenkloster, nach 1536/42 geführt als Stift für die unverheirateten Töchter des schleswig-holsteinischen Adels. Der Großteil der Anlage kann besichtigt werden (teils wie der Remter im Rahmen von Führungen). Auf dem kleinen Friedhof vor der Kirche befindet sich das Grab von Carl Gottlieb Bellmann (1772–1861). Bellmann war als Kantor an der Klosterkirche tätig und komponierte in den stürmischen 1840er Jahren die Melodie von „Schleswig-Holstein meerumschlungen", des Kampfliedes für die Untrennbarkeit der Herzogtümer – der Legende zufolge auf der Orgel der Klosterkirche. Beim Besuch des Städtchens Barmstedt kurz vor Ende unserer Spurensuche kommen wir auf das Lied zurück.

Hinter dem St.-Johannis-Kloster liegen der kleine Binnensee Holmer Noor, von der Straße aus kaum zu sehen, und südlich davon ein Neubaugebiet, in dem der klare Wille zum Kubus vorherrscht; zwischendrin wird aber auch die Kontorhaus-Architektur zitiert.

Auf dem Rückweg, der uns wieder über den Holm führt, werfen wir noch einen Blick auf das Rathaus und das dahinter liegende Graukloster, gegründet 1234 als Franziskanerkloster.

Diese atemlose Aufzählung macht schon deutlich, wie viel es in Schleswig zu entdecken gibt. Darüber hinaus ist eine stattliche Reihe von Gebäuden und Gebäudeensembles eingetragen in die Liste der Kulturdenkmale. Die Tourist-Information an der Plessenstraße (nahe beim Dom) hilft uns, nichts zu übersehen.

Das Graukloster schließt unmittelbar an das heutige Rathaus an.

So lebten die Menschen in Haithabu: Blick in ein rekonstruiertes Haus auf dem historischen Siedlungsareal

Zweifellos das berühmteste Ausstellungsstück im Museum von Haithabu: der Runenstein von Busdorf. Das Foto zeigt die Kopie des Steins, die am einstigen Originalstandort in Busdorf südlich von Schleswig aufgestellt wurde.

Außerdem nehmen wir uns zwei Stunden Zeit für das Wikingermuseum Haithabu auf der anderen Seite der Schlei; der Weg dorthin ist gut ausgeschildert. In den reich mit Grabungsfunden und Anschauungsmaterial ausgestatteten Museumsräumen und den rekonstruierten Häusern im ehemaligen Siedlungsbereich innerhalb jenes halbkreisförmigen Walls, der einst mit dem Danewerk zusammenhing, bekommen wir einen umfassenden Eindruck vom Leben in der Händlermetropole in der Zeit der ersten Jahrtausendwende.

* Wer es genauer wissen will, sei verwiesen auf: Jörg Rathjen: Schleswig im Spätmittelalter 1250–1544. Unter Mitw. v. Hans Wilhelm Schwarz. Husum: Husum Druck- und Verlagsgesellschaft 2005; Hermann Kellenbenz: Schleswig in der Gottorfer Zeit 1544–1711. Schleswig: Schleswiger Druck- und Verlagshaus 1985; Joachim Skierka: Schleswig in der Statthalterzeit 1711–1836. Husum: Husum Druck- und Verlagsgesellschaft 1991.

DEUTSCH-DÄNISCHES, SELTEN FRIEDLICH

So (ähnlich) sahen die Schiffe aus, die im 10. Jahrhundert in Haithabu anlegten. Insbesondere die Dänen pflegen heute die Kultur des Nachbaus von Wikinger-Schiffen.

Grenzwall Danewerk und vorgelagerter Graben bei Kurburg. Der Spitzgraben war ursprünglich wohl noch um einiges tiefer.

Vom Danewerk aus lässt sich ein (etwa zweistündiger) Ausflug nach Hollingstedt und Bergenhusen unternehmen. Beide Orte haben zwar nichts mehr mit dem Ochsenweg zu tun, aber wo wir schon mal hier sind …

… können wir unsere Kenntnisse der Grenzland- und Handels-Geschichten, die in dieser Gegend eine so große Rolle spielen, passend abrunden.

Über Kurburg, wo die Straße noch einmal den Hauptwall des Danewerks schneidet, kommen wir in das schon erwähnte Hollingstedt, das durch seine vielen Gebäude mit lehmfarbenem Klinkerstein auffällt.

Dass die EinwohnerInnen viel Liebe und Sorgfalt für ihre Häuser, Gärten und öffentlichen Flächen aufwenden, fällt unmittelbar ins Auge. An vielen Stellen gibt es Info-Tafeln und Wegweiser zur Geschichte des Ortes und zu Wanderwegen. Und dann stoßen wir in der Ortsmitte

In der Mitte von Hollingstedt: die Doppeleiche und eines der ortsbildprägenden Klinkerhäuser, die in vielen Details auf das hier nur noch wenige hundert Meter entfernte Nordfriesland deuten.

auf die stattliche Doppeleiche. Nehmen wir alles zusammen, könnte man meinen, dass hier das Heimat-Gefühl zuhause sei. Und noch einmal wird deutlich, wie sehr die deutsch-dänischen Auseinandersetzungen um die Mitte des 19. Jahrhunderts die ganze Region geprägt haben.

Unser Besuch in Hollingstedt folgt aber auch einer tieferen Absicht. Wie wir schon gesehen haben, liegt zwischen Haithabu und Hollingstedt die schmalste Landstelle Schleswig-Holsteins. Den Dänen war an ihrem Besitz gelegen, weil sie sich hier am leichtesten gegen Angriffe aus dem Süden verteidigen konnten. Hier in

Die Treene am westlichen Ortsrand von Hollingstedt. Die heutige Wiese am linken Bildrand südlich der Straße Nedderend müssen wir uns als Schiffslände vorstellen: Hier wurden die Waren aus Haithabu wieder auf Schiffe verladen, die dann Richtung Eider fuhren.

DEUTSCH-DÄNISCHES, SELTEN FRIEDLICH

Hollingstedt konnten sie also das Grenzsystem Danewerk, das mit Haithabu begann, enden lassen.

Wenn wir die gleiche geographische Situation unter anderen Vorzeichen betrachten, heißt das auch: Quer zu den Ochsentriften und Handelswegen im Nord-Süd-Verkehr liegt hier die schnellste Verbindung – im Mittelalter ist das meistens der Wasserweg – für den Ost-West-Verkehr zwischen dem Baltikum/Haithabu und der Westküste bzw. England/Niederlande. Entscheidend ist das Flüsschen Treene. Es bildet die westliche Ortsgrenze von Hollingstedt. An ihrem Ostufer lag die Schiffslände: Hier wurden die Waren, die von Haithabu über Land antransportiert wurden, wieder auf Schiffe verladen, die dann auf der Treene Richtung Eider/Nordsee fuhren. Im „Hollinghuus", einem kleinen Ausstellungsraum direkt an der Durchgangsstraße (und gegenüber vom Schulhausmuseum), wird die Geschichte von Hollingstedt als Warenumschlagplatz, quasi als „Nordseehafen des Mittelalters", kompetent und kompakt erzählt; ein Besuch der Ausstellung dauert etwa 15 Minuten.

Über Wohlde – die L 39 sorgt zwischen Bunge und Wohlde dafür, dass unser Frühstück noch einmal ordentlich aufgeschüttelt wird! Der Fahrradweg neben der Straße ist etwas geruhsamer ... – erreichen wir Bergenhusen, das in Schleswig-Holstein als das Storchendorf schlechthin bekannt ist. Schon in Hollingstedt waren uns einige Horste aufgefallen, aber hier in Bergenhusen helfen die Einwohner kräftig nach. Nisthilfen auf den Häusern oder als Horste auf einem hohen Pfahl, manche davon unmittelbar neben der Durchgangsstraße, sind überall vorbereitet. Wer zwischen Ende Mai und Mitte August kommt, kann viele Storchenpaare beobachten. Dass sie sich hier so wohl fühlen, liegt aber eher nicht daran, dass die Einwohner die großen Zugvögel mit einer eigenen Flagge

Aus der Straße Nedderend wird an der Grenze der Kreise Schleswig-Flensburg und Nordfriesland der Hollingstedter Damm: Die Straße liegt deutlich höher als die Wiesen.

Die Hollingstedter Mühle, ein Galerie-Holländer aus dem Jahr 1865, steht seit 1973 im Freilichtmuseum Molfsee.

DER ALTE OCHSENWEG

Was mag der Storch im Nest sehen? Wir wissen es nicht ...

– einem fröhlichen Weißstorch vor grünem Hintergrund – vor vielen Häusern willkommen heißen, sondern in erster Linie doch wohl an dem reichlichen Nahrungsangebot in der südöstlich des Dorfes liegenden Sorge-Niederung. Zu dieser gehört auch das Naturschutzgebiet Alte Sorge-Schleife.

Von hier, alternativ vom Danewerk machen wir uns auf den Weg nach Kropp. Vom Danewerk aus haben wir ein Stück der historischen Wegführung besucht und stehen nun unmittelbar vor dem Zaun, der den Flugplatz Jagel sichert. Eine Gemarkung mit dem unsere Phantasie anregenden Namen „Ochsenlager" befindet sich auf dem Militärgelände und ist für uns (seit langem) nicht erreichbar.

Unmittelbar vor dem Zaun des Flugplatzes liegen zwei vorzeitliche Grabhügel inmitten eines Feldes direkt nebeneinander, im Volksmund „Tweebargen", im Dänischen „Danhøje" genannt. Der Sage zufolge liegt hier König Dan, der Reichsgründer, mit seinen Mannen begraben. Sollte Dänemark je ernsthaft in Not geraten, werde er, schon neben seinem gesattelten

Im Naturschutzgebiet Alte Sorge-Schleife

DEUTSCH-DÄNISCHES, SELTEN FRIEDLICH

Der Grab-Doppelhügel „Tweebargen" liegt westlich der historischen Ochsenweg-Trasse, die hier auch Radwegroute ist, mitten in einem Feld. Die Radwegroute umrundet das Feld sozusagen.

Pferd sitzend, auferstehen und das Land retten; die Legende ist also der deutschen Kyffhäusersage um Friedrich I. Barbarossa nicht unähnlich.

Achtung, Radfahrer: Wer am Ende des Ochsenweges vor dem Stützpunkt des Luftwaffengeschwaders steht, muss nicht umdrehen, um der empfohlenen Radwegroute durch die Felder zu folgen, sondern kann auch versuchen, am Zaun entlang zu fahren. Allerdings ist der grasbewachsene Weg sehr uneben und nur mit reduziertem Tempo zu bewältigen. Er kommt aber exakt dort raus, wo auch die empfohlene Route vorbeiführt.

Die Radwegroute umkurvt den Militär-Flugplatz – auf der empfohlenen Route fahren wir eine Weile zwischen Futtermais-Feldern hindurch, was uns über unsere Ernährungsgewohnheiten nachdenken lässt ... – und stößt bei Mielberg wieder auf die historische Trasse, folgt ihr ein kurzes Stück und führt dann auf einem alternativen Weg in den Ort Kropp hinein. Der historischen Trasse werden wir aber gleich wiederbegegnen.

Vom Danewerk aus führt die Radwegroute quer durch die Maisfelder.

ZUR EIDER, DEM EWIGEN ZANKAPFEL

In der Nähe des Marktes von Kropp erinnert ein Brunnen aus Feldsteinen an die Entstehungsgeschichte der Region.

In der mehrfach ausgezeichneten Gemeinde Kropp fällt uns angenehm auf, dass ein Zentrum nicht mit mehrstöckigen, postmodern verzierten Häusern zugebaut sein muss, um trotzdem ein Zentrum zu sein. Am östlichen Ausgang des Ortes finden wir die Kirche samt Friedhof und noch ein paar hundert Meter weiter östlich stoßen wir auf die B 77.

Wir fahren auf ihr ein paar Minuten Richtung Süden bis zum Gasthof Kropper Busch, der die Stelle eines historischen Kruges am Weg einnimmt. An seiner Hauswand entdecken wir den – entweder sachdienlich oder etwas höhnisch gemeinten – Spruch „Du büs Kropper Busch noch ni vörbi" (= „Du bist am Kropper Busch

... aber für den Biologie-Unterricht kommen wir nicht nach Kropp!

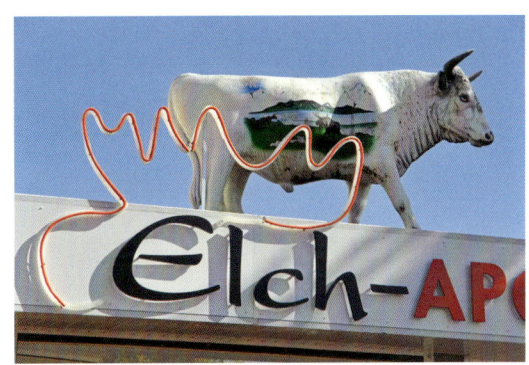

Der Gasthof „Kropper Busch" liegt heute unmittelbar an der B 77.

Die Gemeinde Kropp und das Amt Kropp-Stapelholm führen den Ochsenkopf im Wappen.

DER ALTE OCHSENWEG

Im nördlichen Drittel verläuft die Trasse auf einem gut zu befahrenden und zu begehenden Waldweg.

Das mittlere Drittel des Weges von Kropp nach Sorgbrück wirkt etwas vernachlässigt.

Das südliche Drittel verläuft auf glattem Weg.

Die Königliche Schäferei von Heidbunge (auf halbem Weg nach Sorgbrück) entstand im 18. Jahrhundert als Kolonisierungsprojekt; sie wird schon seit Jahrzehnten nicht mehr betrieben.

noch nicht vorbei"). Eine Reminiszenz, denn in den alten Zeiten der Triften soll der umgebende Wald Tarnung und Hinterhalt für allerlei Wegelagerer, Gesindel und Räuber gewesen sein ... Vielleicht bezog sich der Spruch aber auch auf die tückischen Wegverhältnisse.[37]

Hinter dem Gasthof beginnt eines der längsten erhaltenen Teilstücke der historischen Trasse. Dass der Gasthof „Kropper Busch" nicht am historischen Ochsenweg liegt, erklärt sich mit dem Bedeutungsverlust des Weges im 19. Jahrhundert; der Krug wurde kurzerhand an der Chaussee von Rendsburg nach Schleswig neu

---

37 Noch eine andere Erklärung – nach einer verlorenen Schlacht nahe dem Kograben verfolgen die Jüten die abziehenden Sachsen und stellen sie bei Kropp mit dem Schlachtruf, noch seien jene am Kropper Busch nicht vorbei ... – bei: Karl Viktor Müllenhoff: Sagen, Märchen und Lieder der Herzogthümer Schleswig, Holstein und Lauenburg [1845]. Schleswig: Bergas 1921, Nr. 6.

Kurz bevor wir wieder auf die B 77 stoßen, finden wir eine willkommene Picknick-Möglichkeit neben diesem Ochsenhörner-Paar.

errichtet, als auf dem Ochsenweg keine Triften mehr durchkamen (und der Verkehr auf der Straße zunahm).

Fast sechs Kilometer lang geht es von hier auf wechselnden Untergründen Richtung Süden. In den Sommermonaten ist der Waldweg im nördlichen Abschnitt ein Genuss. Im anschließenden Drittel um Heidbunge sind der Weg und die Natur am Weg sich zumeist selbst überlassen; wir können uns gut vorstellen, wie schwer hier Kutschen und Triften während der Frühjahrsregen vorankamen. Wir passieren die Königliche Schäferei Heidbunge, ein Gehöft, das ehemals auch Krug und Poststation war. Je näher wir Sorgbrück kommen, desto fester wird der Weg wieder; er selbst und der feste Streifen Heide und Wiesengras an seiner Westseite geben uns eine gute Vorstellung von einer bequemeren Trift.

Achtung, Radfahrer: Die Trasse von Kropp nach Süden beginnt mit einem festen Waldweg, geht für das mittlere Drittel über in eine Sandpiste – die Vertiefungen erreichen zum Teil die Qualität von Schlaglöchern! – und endet, je dichter wir Sorgbrück kommen, auf festem Boden mit feinkörnigem Kies. Hier stoßen wir auf eine Schutzhütte und einen Picknickplatz. – Insbesondere das mittlere Drittel ist wegen des teils losen Sandes beschwerlich und nach Regen wegen der verdeckten Schlaglöcher absolut kein Vergnügen! (Profis irritiert das natürlich nicht ...)

ZUR EIDER, DEM EWIGEN ZANKAPFEL

Karg und doch reizvoll: die Landschaft der Sorgwohlder Binnendünen. Nur sind die Dünen – anders als in den Holmer Sandbergen, zu denen wir noch kommen – kaum mehr zu ahnen.

Die Hüttener Berge: eine liebliche, Ruhe ausstrahlende Landschaft.

Hier lohnt sich ein Ausflug in das Naturschutzgebiet Sorgwohlder Binnendünen. Der Weg ist nicht ausgeschildert; kurz bevor wir wieder auf die B 77 stoßen, geht ein Spurplattenweg in Richtung Osten von der Ochsenweg-Trasse ab. Wir folgen dem Weg durch den Wald für gut zwei Kilometer. Wo ein Kiesweg von der asphaltierten Straße ohne Bankette nach rechts abgeht, entscheiden wir uns für den Kiesweg. Hier können wir die Räder stehen lassen und für etwa zehn Minuten zu Fuß dem Feldweg folgen. Zur Rechten haben wir schon die Dünen, die wegen ihres Heide-Bewuchses kaum noch als solche zu erkennen sind. Wenn der Zaun endet, mit dem das NSG geschützt wird, finden wir auch einen Wirtschaftsweg, um ein bisschen dichter an die Heide-Landschaft heranzukommen; ein Stück weiter des Wegs stoßen wir auch – wieder einmal – auf einen vorzeitlichen Grabhügel.

DER ALTE OCHSENWEG

Herbststimmung auf den Wegen rund um den Rendsburger Stadtsee.

Das „Hospital zum Heiligen Geist" entstand im Jahr 1758 als Kaserne; mit dem alten Schloss hat der Bau nichts zu tun.

▶ An der parallel zum historischen Weg verlaufenden B 77 entdecken wir einen Hinweis auf den Naturpark Hüttener Berge (Fahrtrichtung Owschlag). Wenn wir die Zeit haben, folgen wir dem Hinweis. Die Hüttener Berge sind eine sanft hügelige, von den Moränen der Kaltzeiten geformte Landschaft. Landwirtschaft und Knicks dominieren das Bild. Empfehlenswert ist der Rundblick vom Aschbergturm.

Wenn wir nach diesem Abstecher in die Sorgwohlder Binnendünen wieder an der B 77 stehen, führt uns die Radwegroute weit entfernt von der historischen Trasse durch das Tetenhusener Gehege, um den Armensee herum durch Fockbek und dann ein kleines Stück an der Eider entlang nach Rendsburg hinein. Durch die Innenstadt führen verschiedene Wege; am einfachsten ist es aber, unsere Fahrräder am Stadtsee bzw. im Bereich der Straße An der Bleiche anzuschließen und die nahe Innenstadt von hier aus zu Fuß zu erkunden.

Rendsburg ist eine Stadt, in der die Geschichte allgegenwärtig ist, ohne dass wir sie immer gleich erkennen; sie ist vielmehr sichtbar für den, der sehen kann, und in gewisser Weise ist Rendsburg bis heute auch ein wenig von ihr gezeichnet. Ein gutes Beispiel für diese stille Gegenwart der Geschichte ist das erste Ziel unserer Erkundungswege: Wenn wir nach dem Abstellen unserer Räder die Unterführung unter der Straße An der Bleiche benutzen, kommen wir auf den Schiffbrückenplatz. Seine Weite macht den ortsunkundigen Besucher erstmal ratlos, weil er sich keinen Zweck vorstellen kann: bis er erfährt, dass der Platz bis 1895 Teil des Stadthafens war und dass dieser wiederum erst verschwunden ist mit der Fertigstellung des nahen Nord-Ostsee-Kanals. Denn vor 1895 lag Rendsburg nicht am Nord-Ostsee-Kanal, sondern an der Eider, und die war – wie wir auf unserer Tour

ZUR EIDER, DEM EWIGEN ZANKAPFEL

schon mehrfach erfahren haben – im Mittelalter die Grenze zwischen deutschem und dänischem Einflussgebiet und später die von den Dänen angestrebte, aber nie dauerhaft erreichte Landesgrenze.

Wenn man so will, kommt auf dem Schiffbrückenplatz also all das zusammen, ohne dass es (noch) zu sehen ist: Rendsburg und die Schifffahrt auf der Eider, die Eider als (nationale oder landschaftliche) Grenze, die durch Furten und über Brücken gequert werden muss, allerlei verbale Feindseligkeiten und schließlich eine demographische und wirtschaftliche Entwicklung, die von diesen Besonderheiten entscheidend mitbestimmt wird.

Wir überqueren den Schiffbrückenplatz in gerader Richtung und nutzen die kurze Straße An der Schiffbrücke, um auf den Schlossplatz zu gelangen, den zweiten großen Platz der Stadt. Das ursprüngliche Schloss, hervorgegangen aus der 1199 erstmals erwähnten „Reinoldesburch", war im späten Mittelalter Sitz der Rendsburger Linie der Schauenburger Grafen. In der Geschichte von Rendsburg und Holstein spielt vor allem Graf Gerhard III. (um 1293–1340) eine wichtige Rolle, weil er nicht nur die Grafschaft Rendsburg erheblich vergrößern und für eine Weile auch das Herzogtum Schleswig kontrollieren konnte, sondern weil er sogar einige Jahre lang auch dänischer Herrscher war. In den Jahrhunderten nach Gerhards Tod war Rendsburg immerhin noch Reisequartier der dänischen Königsfamilie. Hochsymbolisch das alles, wenn wir die Lage an der Eider bedenken.

Der heutige Obereiderhafen war einst Teil des Eiderlaufes. Bevor die Eider getrennt wurde, lagen in dieser Eiderschleife, die auch den Schiffbrückenplatz umfasst, die Hafenanlagen von Rendsburg.

DER ALTE OCHSENWEG

Das langgestreckte Gebäude an der Südseite des Platzes ist nun aber nicht etwa der Rest des einstigen Schlosses, auch wenn uns ein Königsmonogramm und die Jahreszahl 1758 im Giebel das vermuten lassen könnten. Was wir sehen, ist vielmehr ein Kasernengebäude, das in eben diesem Jahr an der Stelle des abgetragenen Schlosses errichtet wurde. Um 1900 wies die Stadt das Gebäude dem „Hospital zum Heiligen Geist" als neue Unterkunft zu. Vor dem Gebäude erinnert der Gerhardsbrunnen an die prägende Gestalt Gerhards III.

Wenn wir an der Front des Hospitals entlanglaufen, kommen wir zum Obereiderhafen, einem Teil der historischen Eider und heute sozusagen ein Nebenarm des Nord-Ostsee-Kanals. Er wird von der Wirtschaft wie von Sportschifffahrt und Naherholung gleichermaßen genutzt. Nach einer kurzen Ruhepause gehen wir zurück zur Eisenbahnstraße und diese ein kleines Stück nach Süden, um dann in die Mühlenstraße einzubiegen.

Das Mühlengebäude an der Straßenecke erzählt nichts mehr von seiner früheren Bedeutung. Nach wenigen weiteren Schritten erreichen wir die Marienkirche zur Linken. Der Grundstein für diese Hallenkirche wurde 1287 gelegt, der Turmbau begann nach 1500 und im Jahr 1579 war der Bau mit der Setzung des Dachreiters schließlich vollendet. Im Innern interessieren uns vor allem die Epitaphe und der Altar von 1649.

Von hier sind es nur noch wenige Schritte auf der Mühlenstraße bis zum Altstädter Markt. Das letzte Gebäude auf der Linken vor dem erstaunlich kleinen Marktplatz ist das Alte Rathaus. Das Haus in den Platz hineinragen zu lassen und mit einem Tunnel für den querenden Fußgängerverkehr zu versehen, ist eine Idee aus dem Jahr 1566, als die Erweiterung des Hauses erforderlich wurde. Einen Treppengiebel hat das Rathaus immer gehabt, zeitweilig verdeckt unter einem Satteldach, ein Glockenspiel hingegen nicht: Was da seit 1976 täglich ertönt, hat keinen bekannten historischen Bezug.

Der Altar der Marienkirche ist ein Werk des Dithmarscher Holzschnitzers Henning Claussen (um 1590 – nach 1656).

Einen Treppengiebel hat das Alte Rathaus von Rendsburg immer gehabt; die Fassade, die wir heute sehen, stammt allerdings aus dem Jahr 1900.

ZUR EIDER, DEM EWIGEN ZANKAPFEL

Der Durchgang unter dem Rathaus sichert die Verbindung zwischen der Hohen Straße und ihrer Fortsetzung. Die vom Rathaus her sicht- und spürbar abfallende Hohe Straße ist die Haupteinkaufsstraße der Stadt und seit Jahrzehnten Fußgängerzone. Wir gehen aber weiter die Mühlenstraße entlang, die jetzt Schleifmühlenstraße heißt und uns am vermeintlich ältesten Haus der Stadt vorbeiführt. Das Fachwerkhaus mit vorkragendem Giebel stammt ursprünglich aus dem Jahr 1541, doch wurde alles hinter der Fassade um die Mitte des 20. Jahrhunderts erneuert und der geplanten Nutzung angepasst.

Noch ein Stück weiter und um eine Ecke linksherum und wir stehen vor der ehemaligen Stadthalle von 1901, in der heute das Landestheater seine Spielstätte hat. Von hier kommen wir, am Stadtsee entlang schlendernd, in den Stadtteil Neuwerk. Wieder öffnet sich ein Platz vor uns, mit 21.000 Quadratmetern der größte von allen: der Paradeplatz. Den Namen können wir wörtlich nehmen, denn das Neuwerk ist das Zentrum der jahrzehntelangen Geschichte von Rendsburg als dänischer Garnisonsstadt, übrigens der zeitweilig größten nach Kopenhagen. Rund um den Platz finden wir alle Gebäude, die ein Garnisonsstädtchen braucht: ganz im Westen das Arsenal (heute Kulturzentrum), daneben die alte

Die Fassade des Bürgerhauses von 1541 ist reich an kleinen Details.

Die Westseite des Paradeplatzes von rechts nach links: Arsenal, Kommandantur und Christkirche

DER ALTE OCHSENWEG

Uwe Jens Lornsen, königlicher Beamter, wurde aus dem dänischen Staatsdienst entlassen, nachdem er sich für die Zusammengehörigkeit von Schleswig und Holstein stark gemacht hatte.

Ehemalige Synagoge / Dr. Bamberger-Haus in der Prinzessinstraße.

Kommandantur, nach Südwesten die Christkirche, genau gegenüber der Kommandantur die Hauptwache und schräg hinter der Hauptwache das Provianthaus. Der Platz und seine Umbauung bilden die Mitte des nach Deutschland (jenseits der Eider) gerichteten Festungswerkes. Die militärischen Erfordernisse sorgten dafür, dass innerhalb des Festungswerkes ein ganz neuer Stadtteil entstehen konnte.

Die angrenzenden Straßen gehen fächerförmig vom Paradeplatz ab, die Mittelachse bildet die Königstraße, die von ihrem Ende her gesehen direkt auf das Uwe Jens Lornsen-Denkmal an der Nordseite des Paradeplatzes zuläuft. Mit dem gebürtigen Sylter Lornsen (1793–1838) wird ein streitbarer, wenn auch persönlich etwas erratischer Vorkämpfer der Zusammengehörigkeit von Schleswig und Holstein geehrt.

In einer weiteren Nebenstraße des Platzes – deren Namen übrigens nach der Sitzordnung der königlichen Familie an der Tafel vergeben sind! – finden wir das Jüdische Museum, das in der früheren Synagoge untergebracht ist. Dass hier in der Prinzessinstraße überhaupt eine Synagoge entstehen konnte, geht auf eine Erlaubnis des Königs Christian V. (1646–1699) zurück: Im 17. Jahrhundert wurden Juden kaum irgendwo geduldet, aber um das Neuwerk schnell zu bebauen und wirtschaftlich zu beleben, wurde ihnen 1692 hier die Niederlassung gestattet.

Und die Ochsen? An die Trift- und Zollstation auf dem Weg der jütischen Ochsen an die Elbe erinnert in Rendsburg kaum noch etwas – wenn wir von einem unscheinbaren Haus am Mühlentor und einem Kinderspiel-Gerät auf dem Schiffbrückenplatz absehen. Wir können davon ausgehen, dass der Weg durch Furten über die Eiderinseln und die Straßen An der Bleiche und Königstraße die wahrscheinliche Wegführung darstellt; möglich ist aber auch eine Eiderquerung beim Klint im Südwesten des Neuwerks.

VOM EIDER- ZUM NORD-OSTSEE-KANAL

In Schleswig-Holstein ist die Cimbrische Halbinsel besonders schmal. Und nehmen wir noch die Förden und Flüsse hinzu, sehen wir tiefe Einschnitte. Wie wir schon gesehen haben, haben unsere Vorfahren das bereits erkannt und genutzt: Der Hafen von Haithabu am Ende der Schlei bot eine gewisse Sicherheit vor ungebetenen Besuchern, und der Weitertransport der Waren von dort nach Hollingstedt, das über Treene und Eider einen Zugang zur Nordsee hatte, prägte Verkehr und Kommunikation in der Region im frühen Mittelalter.

Doch dieser Transport der Waren über Land war aufwändig und zeitraubend. Schon früh haben sich die jeweiligen Landesherren Gedanken darüber gemacht, ob sich die Sache nicht vielleicht vereinfachen ließe. Aber erst im aufgeklärten 18. Jahrhundert kam der Durchbruch: Der 1784 nach sieben Jahren Bauzeit eröffnete Eiderkanal verband unter Nutzung vorhandener Gewässer erstmals Kiel und Rendsburg miteinander; von Rendsburg ging es dann auf der Eider weiter nach Tönning. Er war seinerzeit die meistbenutzte künstliche Wasserstraße der Welt, aber für den stetig zunehmenden Waren-

Kaum irgendwo kommen wir Schiffen so nah wie am Nord-Ostsee-Kanal in Rendsburg. Der Kanal wird vorwiegend von kleineren Containerfrachtern genutzt, so genannten Feeder-Schiffen, die den Pendelverkehr mit dem Baltikum versehen.

Im Fußgänger- und Radtunnel ist es auch an heißen Sommertagen angenehm kühl ...

verkehr aufgrund seiner Größe, der vielen Schleusen und der Notwendigkeit, die Schiffe auf manchen Abschnitten von Land aus zu ziehen mit Pferde- oder Menschenkraft – das so genannte Treideln – schon bald unwirtschaftlich.

Und wiederum waren es militärische Gründe, die zu einer – neuen und größer gedachten – Lösung führten. Seit seiner Gründung 1871 war das Deutsche Reich, ein Aufsteiger unter den anderen europäischen Nationen, auf der Suche nach seiner Mission. Um sich Ansehen zu verschaffen, rüstete es auf. Und noch bevor der Flottenbau einen Teil der Deutschen um 1900 wie ein Wahn erfasste, sorgte man schon dafür, dass die Schiffe im Bedarfsfall schnell von der Ost- an die Nordsee oder umgekehrt verlegt werden könnten: mit dem 1887 bis 1895 gebauten Nord-Ostsee-Kanal (NOK) zwischen Kiel und Brunsbüttel.

Dieser Kanal ist nicht nur landschaftlich, sondern auch wirtschaftlich und seelisch ein tiefer Einschnitt in das schleswig-holsteinische Leben. Er verkürzte die Handelsrouten um Tage oder gar Wochen, aber er teilte auch das Land, das anschließend mühsam durch Brücken und (bis heute kostenlose) Fähren wieder zusammengeführt werden musste. Für Rendsburg brachte er einen völligen Wandel in der Beziehung der Stadt zur Eider und zur Schifffahrt, für Tönning und sein Packhaus brachte er das Ende des lebhaften Warenverkehrs via Eiderkanal. Seit seiner Eröffnung 1895 ist er mehrfach ausgebaut worden, die Erweiterung der Schleusen in Brunsbüttel ist seit Jahren ein Dauerthema der Medien. Rendsburg immerhin hat sich mit seinem Kreishafen und den neuen Anlagen auf dem anderen Ufer in Osterrönfeld neu erfunden.

Mit seinem Vorgänger hat der NOK übrigens gemein, dass er eine der meistbenutzten künstlichen Wasserstraßen der Welt ist – noch vor Suez- oder Panama-Kanal!

VON RENDSBURG ÜBER DIE DÖRFER

Wer mit dem Auto den Ochsenweg erkundet, nutzt den Straßentunnel unter dem NOK hindurch, der von der Innenstadt aus in nicht einmal zehn Minuten erreicht ist; der Tunnel war wegen Umbauten und Sanierungsarbeiten in den 2010er Jahren ein noch den geduldigsten Autofahrer gehörig strapazierendes Nadelöhr.

Wer hingegen mit dem Rad unterwegs ist, nimmt den vom Kreishafen gut erreichbaren Fußgänger- und Radtunnel (von der Straße Wilhelmstal resp. dem Kiosk „Tunnelblick" aus). Eine schier nicht enden wollende Rolltreppe – für Radfahrer gibt es auch einen Aufzug – führt in die kühle Passage unter dem Kanal hinab. Heraus kommen wir auf der südlichen Seite in Westerrönfeld. Radfahrer können ihren Weg von hier, teilweise unmittelbar am Kanal entlang, über Schülp nach Jevenstedt fortsetzen; die Radwegroute weicht vom Kanal ab und passiert unter anderem den Jüdischen Friedhof

Im Turm der St.-Georg-Kirche sind viele Feldsteine verbaut.

Die Geschichte der Kirche von Jevenstedt geht bis in das 12. Jahrhundert zurück.

von Westerrönfeld. Das 100 mal 60 Meter kleine Gräberfeld unter Bäumen ist für uns allerdings nicht zugänglich.

In Westerrönfeld und im nahen Jevenstedt gibt es Dependancen der Grund- und Gemeinschaftsschule Am Ochsenweg. Einem Straßennamen entspricht dieser Name in beiden Fällen nicht und so, schließen wir beim Radeln, wird die Bezeichnung wohl als listiger Umweg in die Geschichte genutzt: Denn natürlich liegen beide Orte an der historischen Trasse. Und es beruhigt uns ungemein, dass sich die Beschäftigung mit Geschichte, der in jüngster Zeit so häufig Wert und Sinn abgesprochen wird, hier über den Namen der Schule in den Unterricht einspeisen lässt.

Insbesondere Jevenstedt ist für die Geschichte des Ochsenweges insofern bedeutsam, als sich der historische Weg nach der Eider-Durchquerung bei Rendsburg hier teilt: Die Route zum

Die ehemalige Kirchspielvogtei ist heute ein Privathaus.

Es lohnt sich, in aller Ruhe durch die Nienkattbeker Schweiz zu radeln.

DER ALTE OCHSENWEG

Wieder einmal ein Stück Originaltrasse: der Feldweg zwischen der Bokeler Straße und Brammerhöh südlich der Landesstraße 328, die nach Nortorf führt.

Itzehoer Viehmarkt führt über Luhnstedt, Remmels und Hohenwestedt, die wirtschaftlich bedeutendere Route in den Süden nimmt den Weg nach Neumünster – wo sie sich dann ihrerseits für eine Weile teilt, bevor die Wege in Bad Bramstedt wiedervereinigt werden; davon später.

Bevor wir weiterradeln, sehen wir uns aber die Kirche von Jevenstedt an, zu erreichen auf schmalen gewundenen Straßen, die noch etwas von der Dorf-Geschichte erzählen können. Die Kirche gehört zu den ältesten im Land, bekam ihre heutige Form aber erst im 18. Jahrhundert. Auf ältere Zeiten deutet der Turm, in dem zahlreiche Feldsteine verbaut sind. In der Schwaber Straße finden wir zudem die alte Kate, die einst die Kirchspielvogtei beherbergte.

Wir sind hier, am Ortsausgang von Jevenstedt, am äußersten nördlichen Rand des Naturparks Aukrug, der sich südlich bis nach Kellinghusen hin erstreckt und viele Rad- und Wanderwege zu bieten hat.[38] Wir wählen den Weg auf Neumünster zu. Wer auf der Ochsen-Radwegroute den Spurplattenweg zwischen Jevenstedt und Nienkattbek bewältigt hat, kann hier wählen, ob er auf Spurplatten- und teils sandigen Wegen durch die Nienkattbeker Schweiz oder ein Stück an der nördlich gelegenen L 328 entlang fahren will. Wer (über die Straße Nienkamp) die Landesstraße wählt, kommt an einer Flur namens Ochsenkate vorbei – ein Hinweis darauf, dass es zu Zeiten der Viehtriften hier eine Raststation gab. Zu sehen ist davon aber nichts mehr.

---

38 Siehe dazu: www.naturpark-aukrug.com/aktiv-unterwegs/wandern.html

Die nahe Flur Kühlensitz hat ihren nicht aufs erste Hören verständlichen Namen vom historischen Heidkrug, der von einem Gastwirt Bendix Kühl betrieben wurde.

Beide Routen-Vorschläge führen nach Bokel (nicht zu verwechseln mit dem gleichnamigen Ort im Kreis Pinneberg!). Wer dem Weg folgt, verpasst allerdings ein – durch Spurplatten überprägtes – Stück Originaltrasse, das im Norden von Brammer gleich südlich der L 328 zu finden ist. Die Trasse, teils auch Feldweg, führt von der Bokeler Straße in Richtung auf Brammerhöh und trifft im Anschluss daran die L 328 (in Höhe Papenkamp), die hier in etwa der historischen Trasse entspricht. Die Radwegroute hingegen verläuft von Bokel nördlich der L 328 durch die Felder Richtung Thienbüttel/Nortorf.

Achtung, Radfahrer: Erst geht es teils auf Sandwegen durch die Nienkattbeker Schweiz, dann folgen im Norden der L 328 wieder Spurplattenwege, die – weil sie eigentlich der Landwirtschaft dienen – vielfach verschmutzt sind ... die Radwegroute ist unter diesem Gesichtspunkt nicht immer ein Vergnügen, wenn sie uns auch meistens mit idyllischer Ruhe verwöhnt. Es hat aber Sinn, zwischen Jevenstedt und Nortorf der Route zu folgen, wenn der Radweg entlang der L 328 auch komfortabler aussieht – aber Einheimische nutzen die Landesstraße gern mal, um zu prüfen, ob ihr Auto noch 140 km/h schafft ...

Von Bokel führt der Weg nach Thienbüttel auf die Alte Landstraße, die schließlich auf die Rendsburger Straße mündet. Wieder einmal haben wir auf diese Art und Weise eine Sehenswürdigkeit der besonderen Art hinterrücks passiert: den geografischen Mittelpunkt von Schleswig-Holstein. Wer wissen will, was dahinter steckt, wendet sich an der Einmündung der Alten Landstraße in die Rendsburger Straße nach

In der Flur Ochsenkate ist weit und breit kein Ochsenkrug zu sehen ... Sie wird markiert von einem Haus und einer Bushaltestelle.

In Nortorf am Mittelpunkt unserer Welt. Neben der Scheibe stehen zwei kleine Granitsäulen mit den Wappen von Schleswig-Holstein und von Nortorf.

rechts. Nach einem knappen Kilometer folgt die Einfahrt mitten in die Felder ...

... und ein Schelm, wer Böses dabei denkt, dass die Mitte unserer Welt mit einer Scheibe gekennzeichnet ist und noch dazu nicht ganz exakt dort behauptet wird, wo das Landesvermessungsamt 2001 sie tatsächlich und buchstäblich ermittelt hat! Schilda? Der wahre Mittelpunkt liegt ein paar Meter westlich – nur leider steht dort ein Haus und so musste man sich behelfen ... Nun ja. Wenige Meter neben dem behaupteten Mittelpunkt, durch einen Knick davon getrennt, treffen wir übrigens auf den Klimabaum Nr. 11, eine Stieleiche, gepflanzt 2013 u.a. von Polarforscher und Klimawald-Botschafter Arved Fuchs (der bekanntlich Schleswig-Holsteiner ist, geboren in Bad Bramstedt) und der damaligen Landtagsvizepräsidentin. Eine Initiative, die sehr schön versinnbildlicht, dass aus kleinen Aktionen Großes werden kann und dass wir jederzeit über die Gegenwart hinaus denken müssen. Wir kommen in 70 Jahren also noch einmal vorbei ...

Ein alleeartiges Stück Granitquader-Straße führt nach Nortorf hinein. Wer nach der Überquerung der Gleise an der ersten Ampel links abbiegt, kommt auf die Ortskern-Umgehung (namens Jungfernstieg), an der auch das kleine Museum des Ortes liegt. Besuchenswert ist der Ortskern rund um die Kirche, zumal an Markttagen. Noch gegen Ende des 19. Jahrhunderts gab es hier jährlich einen Viehmarkt; die gusseiserne Wasserpumpe südöstlich der Kirche ist eine Erinnerung an diese Zeit. Die beschauliche Ruhe der Ortsmitte bringt eine farbenfrohe Skulptur im Schatten der Kirche auf den Punkt: Auf einer Bank sitzt ein miteinander alt gewordenes Paar, sie etwas vergrummelt, angetan mit Dutt und Schürze, in einem Buch lesend – es wird wohl ein Gesangbuch sein? –, er mit Weste

Nortorf: Von der Poststraße aus geht der Blick auf die St.-Martin-Kirche.

und Puschen, von den Haaren ist nur noch der Heldenkranz übrig und ...: strickend! In der Kirche, 2020 umfangreich saniert, ist nahe beim

Kaum noch zu lesen sind die Wegspuren westlich von Timmaspe.

Die Wirtschaft „Zum goldenen Ochsen" in Timmaspe ist ein Hinweis darauf, dass das Dorf Durchgangsstation der historischen Ochsentriften war ...

... und noch ein bisschen Historie: „Ausspann" bezog sich vor 150 Jahren auf die Kutsch-Pferde, nicht auf die Kutsch-Passagiere!

derzeit noch Hinweise auf Spuren der historischen Trasse. Sie ist aber nur erkennbar an den Resten vergangener Hohlwege oder der unterschiedlichen Vegetation dort, wo einst Wagenspuren verliefen im Unterschied zum Raum zwischen den Wagenrädern. Weil das Gebiet sich selbst überlassen ist, verblassen die Spuren allmählich.

In Timmaspe finden wir an einer Weggabelung einen weiteren Hinweis auf die Ochsentriften: den Gasthof „Zum goldenen Ochsen". Das schöne Aushängeschild mit einem stilisierten Ochsen, das dort noch vor Jahren zu sehen war, ist verschwunden, und ob es den Gasthof und diesen Namen noch lange gibt, ist auch offen; zum Zeitpunkt der Recherchen Ende 2020 steht das Haus zum Verkauf ...

... und als wäre das nicht schon genug mit dem ewigen Wandel, finden wir am östlichen Giebel des Hauses noch einen Hinweis: In einem in die Klinkerfassade eingelassenen Zierband lesen wir „Durchfahrt und Ausspann". Seit wir den Bilschauer Krug besucht haben, wissen wir, was es damit auf sich hat.

Wir machen uns wieder auf den Weg, dem Gedanken an den dauernden Wandel noch ein wenig nachhängend. Dabei verlassen wir für ein paar Kilometer die Radwegroute, um das östlich benachbarte Örtchen Krogaspe zu durchqueren. Zwar bereuen wir die Entscheidung ab und zu, weil die schmale Dorf- und Durchgangsstraße erhebliche Mengen Schwerlastverkehr bewältigen muss, aber wir bekommen ein freundliches Dorf zu sehen. Am östlichen Ortsausgang stoßen wir seitab auf den „Ossenweg" – und registrieren leise schmunzelnd den krassen Widerspruch zum heutigen Verkehr unmittelbar daneben!

Wenn wir dem Ossenweg und danach dem Wasbeker Weg (nach links) folgen, bekommen wir wieder den Anschluss an die Radwegroute.

Altar ein bronzenes Taufbecken aus dem späten 16. Jahrhundert sehenswert.

Von hier geht der Weg auf kleinen Straßen weiter in Richtung Neumünster. Wer geübt ist, in der Landschaft zu lesen, findet östlich der Brücke über die Landesstraße in einem landschaftsgeschützten Gebiet vor dem Ortseingang

Wo wir schon nachdenklich geworden sind: Was die Landschaft und den Zustand der Straßen auf der Geest in der ersten Hälfte des 19. Jahrhunderts im Vergleich zu heute angeht, so können wir einiges aus einem Bericht des Neumünsteraner Pastors Ernst Christian Kruse (1764–1846) herauslesen. Um 1836 schreibt er über die Umgebung von Neumünster:

Der Flecken gewährt dem Reisenden und Fremdling einen freundlichen Anblick, der um destomehr auffallen muß, da er (…) zuvor eine öde Gegend und tiefen Sand zu durchwandeln hat. Denn die nächsten Umgebungen sind höchst einsam, langweilend und traurigen Aussehens. So wie man aber in den Flecken eintritt, gewinnt alles eine andere Gestalt, die um desto mehr behagt, da man wohl nicht leicht in der weiten sandigen und baumleeren Ebene einen solchen bedeutenden Ort erwartet …[39]

Der „Ossenweg" am östlichen Rand von Krogaspe

… und das geht dann noch ein wenig so weiter mit dem Lokalpatriotismus des Pastors, hier ödes Land, dort Neumünster … aber aufschlussreich ist die Erwähnung von Sandwegen und fehlenden Bäumen doch. So oder ähnlich wird es im 19. Jahrhundert auf vielen Abschnitten der Trasse noch ausgesehen haben. Dass die fehlenden Bäume eigens erwähnt werden, ist ein Hinweis auf den enorm hohen Holzbedarf der vorausgegangenen Jahrhunderte. Noch um die Zeitenwende war Schleswig-Holstein ein ausgesprochen waldreiches Land, aber sowohl der Bedarf an Holz im Zuge der Raseneisenerz-Verarbeitung[40] als auch (bis ins 5. Jahrhundert) die Gewohnheit der Menschen, dem Lebensunterhalt hinterherzuziehen, brachten einen hohen Holzbedarf mit sich. Man denke nur, dass sie sich im Laufe ihres Lebens mehrmals ein Häuschen und Stallungen bauen sowie Handwerksgerät herstellen mussten … Und keineswegs bestanden die Häuser im Mittelalter schon alle aus Stein; den konnte sich allenfalls die Kirche als Baumaterial leisten, um damit zugleich auszudrücken: Wir sind gekommen, um zu bleiben.

Die kleine Beschreibung von Kruse macht aber auch schon eine Anspielung auf den besonderen Charakter von Neumünster im 19. Jahrhundert.

---

39 Zitiert in: Alfred Heggen: Der „in neuerer Zeit durch die Gewerbsamkeit seiner Bewohner immer bekannter und wichtiger werdende Flecken Neumünster". In: Industriekultur in Neumünster. Das „Manchester Holsteins" im 19. Jahrhundert. Hg. v. Alfred Heggen u. Klaus Tidow. Neumünster: Wachholtz 1988, S. 11–13, hier: S. 11f.

40 Zur Eisenverhüttung im Raum Neumünster: Hans Hingst: Die vor- und frühgeschichtliche Besiedlung auf dem Neumünsteraner Sander. In: Das Neumünster-Buch. Eine Stadtgeschichte in Wort und Bild. Hg. v. Irmtraut Engling. Neumünster: Wachholtz 1985, S. 9–29, hier: S. 17–20.

NEUMÜNSTER

In einem Mosaikfeld über dem Haupteingang des neugotischen Rathauses aus dem Jahr 1900 wird auf die Gründungsgeschichte von Neumünster angespielt: links „Nov Mon" als Abkürzung von Novum Monasterium, rechts die Jahreszahl MCXXVII (= 1127).

Wer zufällig (oder auch am Ortseingang) auf das Wappen von Neumünster stößt, wird überrascht sein. Es zeigt in der oberen Hälfte in Rot eine silberne Fabrikanlage, symbolisiert durch fünf Schornsteine, und in der unteren Hälfte einen silbernen Schwan mit einem goldenen Halsband und weit ausgebreiteten Flügeln; zwischen diesen beiden Wappenfiguren findet klein noch das holsteinische Nesselblatt Platz.

Gut, der Stormarner Schwan und das Nesselblatt sind eher nicht überraschend, denn sie verorten Neumünster in Holstein. Aber die Fabrikanlage? Zumal über dem Schwan platziert, lässt sie uns stutzen, weil wohl heute niemand mehr auf die Idee käme, derlei im Wappen zu zeigen. Aber Wappen – und was das angeht: Denkmale – sind nun einmal nichts, was laufend Moden oder aktuellen Missverständnissen angepasst werden darf. Wie wir schon gesehen haben, sagen uns diese Dinge vielmehr etwas über die Geschichte und das Selbstverständnis der Menschen.

Und wie uns der Name der Stadt verrät, liegen ihre Ursprünge ganz woanders. Als Wippenthorp wird sie im Jahr 1127 aktenkundig: als der Erzbischof von Bremen unter seinen Mitarbeitern den Geistlichen Vicelin (um 1090–1154) auswählt, damit der von dort aus die Missionsarbeit unter den heidnischen Slawen vorantreibe. Vicelin gründet ein Chorherrenstift und veranlasst den Bau einer neuen Kirche. Anlässlich der Weihe einer Kirche – ob der von Vicelin gegründeten oder einer anderen, ist bislang ungeklärt – verleiht Erzbischof Hartwich dem Ort 1136 den Namen „Novum Monasterium": neues Münster. Stolz und Anspruch zugleich.

Von dieser wichtigen Stellung im Missionsgeschehen Norddeutschlands erzählt das Wappen nichts. Stattdessen finden Handwerkerstolz und Bürgerstreben Ausdruck. Denn die fünf Fabrikschlote stehen für die Leder- und Tuchindustrie, die hier seit dem 16. Jahrhundert beheimatet ist und vor allem im 19. und frühen 20. Jahrhundert vielen Menschen ein Auskommen verschafft. Erst 1992 geht diese Tradition zuende; Fabrikschornsteine werden wir heute kaum noch finden. Wer sich mit dem Kapitel der Tuchherstellung in Neumünster eingehender befassen will, bekommt im Tuch + Technik Museum Antwort auf alle Fragen.[41]

---

41 Hier ist nicht der Ort, die Geschichte des Industriestandorts zu erzählen. Vgl. dazu u.a.: Industriekultur in Neumünster. Das „Manchester Holsteins" im 19. Jahrhundert. Hg. v. Alfred Heggen u. Klaus Tidow. Neumünster: Wachholtz 1988; ferner: Tuch + Technik. Leben und Weben in Neumünster. Hg. v. d. Stiftung Museum, Kunst und Kultur der Stadt Neumünster. [Neumünster:] Wachholtz 2007. Das Textilmuseum Tuch + Technik befindet sich am Kleinflecken.

DER ALTE OCHSENWEG

Am Teich. Blick auf den Verkehrsknoten Gänsemarkt.

Links und rechts der Schwale entwickelt sich im Mittelalter eine Art Doppelort – Kleinflecken und Großflecken –, dessen Hälften oft genug (bis 1709) zu verschiedenen Landesherren gehören.[42] Die Quartiere tragen diese Namen heute noch, aber die Historie lässt sich im Stadtbild nur noch mit viel Phantasie erkennen. Die direkteste Verbindung zwischen beiden ist vom dreieckigen Großflecken her der Straßenzug Lütjenstraße/Mühlenbrücke.

Seinen Aufschwung verdankt der Ort abgesehen von der Industrie auch der Tatsache, dass sich hier zwischen dem 15. und 17. Jahrhundert zwei Wege kreuzen: unser Ochsenweg und der Ost-West-Handelsweg Lübsche Trade, der Lübeck mit Dithmarschen und Husum verbindet. Das ist der Grund, warum das Fuhrgewerbe in der Stadt in vorigen Jahrhunderten einen erheblichen Anteil an der Entwicklung des Ortes hatte. Und diese Entstehungsgeschichte als Verkehrsknoten ist dem Stadtbild auch bis heute eingeschrieben: Alle großen Straßen laufen irgendwie auf den Großflecken zu.[43]

Hingegen sind die Jahrhunderte der Land- und Viehwirtschaft heute nur noch ansatzweise im Stadtkern präsent: unter anderem in der Straße mit dem erheiternden Namen Kuhberg, die als Rendsburger Straße von Norden her in den Ort führt und dann über den Gänsemarkt auf den Großflecken mündet, und der Gänsemarkt selbst mit dem Gänseliesel-Denkmal, das 1982 aufgestellt wurde.

Die Vorstellung, dass die Triften von Krogaspe her über den Kuhberg in den Ort gekommen und auf dem Klein- oder Großflecken auch zum Verkauf angeboten wurden, ist verführerisch – aber der Straßenname „Kuhberg" steht wohl eher nicht im Zusammenhang mit dem Ochsenweg. Nach allem, was dazu bekannt ist, diente die Straße als Sammelplatz für die Kühe der Einwohner, die von hier aus morgens vom Hirten auf die Gemeindewiesen getrieben wurden.[44] Gleichwohl ist Neumünster seit 1492 Zollstelle – vor allem für Ochsen und Schweine

---

[42] Einen kurzgefassten Überblick ermöglicht: Rudolf Ullemeyer: Neumünster. Die Stadt-Geschichte von 1127–2000. Überarb. u. erg. v. Alfred Heggen, Peter Schuster, Klaus Tidow. Neumünster: Leuschner o.J. [2000]. Eigenartigerweise findet sich hier kein direkter Hinweis auf die Triften oder einen Ochsenmarkt; lediglich der regelmäßige Markt wird erwähnt (1383, 1764 und öfter).

[43] Und je mehr der Verkehr zunimmt, desto chaotischer wird die Verkehrsführung. Indessen scheint eine gewisse Ratlosigkeit der Ursprung der hier und da zu bemerkenden Vernachlässigung zu sein; insbesondere der Kuhberg und der Parkplatz am Waschpohl würden sich aber über eine Revitalisierung (und eine Entflechtung der einseitigen Geschäftssituation) freuen. In scharfem Kontrast zur Gegenwart steht das Bewusstsein von der Vergangenheit: In den vergangenen 40 Jahren sind regelmäßig und zahlreich umfassende Bücher zur Geschichte der Stadt erschienen.

[44] Diese Information beruht auf der telefonischen Auskunft von Dr. Carsten Obst, dem Leiter des Stadtarchivs Neumünster, vom 6. August 2020. Die Straße trägt den Namen seit 1681.

NEUMÜNSTER

Kleine Idylle am Rand der großen Betriebsamkeit: Die Straße Fürsthof geht vom Großflecken ab; wir blicken Richtung Osten.

Das Haus Fürsthof 9, rund 250 Jahre alt, dient heute einem Sozialdienstleister als Wirkungsstätte.

aus dem Raum zwischen Rendsburg, Eckernförde und Plön –, und so entsteht auch hier ein lebhaft genutzter Markt, dessen Bedeutung nach dem Dreißigjährigen Krieg allerdings schwindet; die erste Marktordnung (1654) und das Viehmarktprivileg (1666) sind gar erst aus der Zeit nach dem Krieg bekannt.[45]

Einigen Spuren der Geschichte können wir aber gut nachgehen. In der Straße Fürsthof, die nach Osten vom Großflecken abgeht, tut sich, fast zu schön, eine unerwartete Idylle mit alten Häusern, historisierenden Straßenlaternen und Rosenstöcken neben den Eingangstüren auf. Hier finden wir unter der Nummer 9 eines der

---

45 Vgl.: Ernst Busche: Flecken und Kirchspiel Neumünster. Ein Beitrag zur Sozial-, Wirtschafts- und Verwaltungsgeschichte Mittelholsteins bis zur Mitte des 18. Jahrhunderts. Neumünster: Wachholtz 1968; Hamburg 1969, S. 32–37 u. 148; ferner: Ullemeyer (2000), S. 7 u. 14.

ältesten Häuser der Stadt: ein etwa 1750 errichtetes Fachwerkgiebelhaus, das Anfang der 1980er Jahre aufwändig saniert wurde. Aber auch die anderen Bauten weisen reizvolle Details auf. Dass die Häuser am Fürsthof aus verschiedenen Jahrhunderten stammen, macht das Sträßchen zu einem Schnellkurs in Stadtgeschichte.[46]

Ungefähr in der gleichen Zeit entstanden sind zwei Häuser an der südostwärts aus dem Zent-

Seine Karriere begann mit seiner Entlassung: Caspar von Saldern (1711–1786) nach einem Gemälde von Vigilius Eriksen.

Die Eingangstür des Fachwerkhauses Haart 10 stammt aus der Zeit um 1830.

Das so genannte Caspar-von-Saldern-Haus deutet im Spätbarock schon die klare Linienführung des aufkommenden Klassizismus an.

---

46 Details zu diesen und den Häusern in den folgenden Absätzen in: Lutz Wilde u. Gert Kaster: Stadt Neumünster. Neumünster: Wachholtz 2006 (= Kulturdenkmale in Schleswig-Holstein, Bd. 3).

rum führenden Straße Haart. Das Haus mit der Nummer 10 ist im Kern sogar noch älter; seine heutige Gestalt hat es nach der Mitte des 18. Jahrhunderts bekommen. Seit 1869 wird der eingeschossige Fachwerkbau als Restaurant genutzt.

Erkennbar für einen ganz anderen Zweck als das Ackerbürgerhaus Nr. 10 wurde einige Türen weiter auf der gleichen Straßenseite das Haus Haart 28/32 errichtet. Erbaut 1744/46 für den damaligen Amtmann Caspar von Saldern (1711–1786), diente der spätbarocke Putzbau seit dessen erzwungenem Auszug 1748 – von Saldern hatte sich mit seinem Vorgesetzten überworfen – seinen Nachfolgern und in den folgenden 200 Jahren unter anderem noch als Amtsgericht, Dienstwohnung des Bürgermeisters, Museum, Jugendherberge, Volkshochschule und – aktuell – Musikschule. Was übrigens den Erbauer Caspar von Saldern angeht: Für manch einen wäre die Karriere mit einer Amtsenthebung ja beendet gewesen. Nicht so für ihn: von Saldern lebte erst auf dem Gut Schierensee und ging 1761 in russische Dienste. In dieser Position war er beteiligt an der Ausarbeitung des Vertrages von Zarskoje Selo (1773), der die Gottorfische Frage und die Machtverhältnisse in Schleswig-Holstein für die folgenden Jahrzehnte regelte, und machte sich einen Namen als Reorganisator der Gottorfischen Finanzverhältnisse.[47]

Die bisher erwähnten drei Häuser stehen im Großflecken. Nicht unerwähnt bleiben soll aber der Kleinflecken, an dessen südlichem Ende die Vicelinkirche die Aufmerksamkeit auf sich

Die Vicelinkirche, gesehen von Norden her

Die Taufe, die Aufnahme in die christliche Gemeinschaft, wird in der Vicelinkirche buchstäblich in der Mitte der Gemeinde vollzogen.

---

47 Vgl.: Eckhard Hübner: Saldern, Caspar von: In: Biographisches Lexikon für Schleswig-Holstein und Lübeck. Hg. im Auftrag der Gesellschaft für Schleswig-Holsteinische Geschichte. Bd. 9. Neumünster: Wachholtz 1991, S. 329–334.

An der Mühlenbrücke zwischen Groß- und Kleinflecken

Nahe der Mühlenbrücke erzählen Reliefs vom Handwerk des Müllers.

aber heute als ein Hauptwerk des Klassizismus in Schleswig-Holstein. Auffällig sind im Saal die zwei Emporen, die Kassettendecke und die hölzerne, innen vergoldete Taufe in der Mitte des Hauptschiffs.

▶ Seitab vom Ochsenweg liegt an der Straße von Neumünster nach Kiel das Städtchen Bordesholm mit seiner Klosterinsel (auf die sogar am Rande der Autobahn A 7 aufmerksam gemacht wird). Die Klosterkirche, für die der heute im Schleswiger Dom aufgestellte Bordesholmer Altar ursprünglich geschaffen wurde, und das See-Ufer sind auf jeden Fall einen Abstecher wert.

Unser Blick geht vom Kräutergarten vor dem Stift auf die heutige Stifts-, ehemalige Klosterkirche Bordesholm.

zieht. Mit ihrem Namen erinnert sie an den erwähnten Gründer des Chorherrenstifts. Sie wurde 1829/34 nach einem Entwurf des allgegenwärtigen königlichen Oberbaudirektors Christian Frederik Hansen (1756–1845) – dem wir später noch einmal begegnen werden – auf den Grundmauern der Bartholomäuskirche aus dem 12. Jahrhundert errichtet. Sie war schon zu ihrer Entstehungszeit nicht unumstritten, gilt

VERLORENE WEGE, VERSTECKTE BRÜCKEN

In Neumünster boten sich den Ochsentreibern zwei Routen an: über die Straße Haart nach Südosten aus dem Ort hinaus und über Boostedt und Großenaspe nach Bad Bramstedt oder nach Südwesten über Wittorf und Brokenlande (was meist dem Verlauf der ehemaligen B 4 entspricht). Die Ochsen-Radwegroute geht nach Südwesten; die verläuft in einigem Abstand parallel zur historischen Trasse.

Wir wissen ja inzwischen, dass uns Straßennamen häufig verlässliche Hinweise auf die Geschichte oder lokale Besonderheiten geben. Und so wie Klein- und Großflecken ein Hinweis auf die Siedlungsgeschichte sind, so wird auch eine Burgstraße hier ein Fingerzeig zur Historie sein.

Wer Neumünster vom Kleinflecken aus also in südwestlicher Richtung auf der Ochsen-Radwegroute verlässt, kommt unmittelbar an den Resten dieser Burg vorbei. Allerdings: Weder hat die Burg so direkt etwas mit dem Ochsenweg zu tun, noch dürfen wir auch diesmal unserer Phantasie die Zügel schießen lassen. Vielmehr handelt es sich wieder um einen ringförmigen Erdwall.

Am nordöstlichen Wallabschnitt der Wittorfer Burg

Die Schwale nördlich der Wittorfer Burg: in einem lauschigen Wäldchen ...

Besagte Burgstraße führt zunächst unmittelbar in ein Wäldchen. Auf einem gut befestigten Weg geht es in leichtem Auf und Ab von den letzten Häusern an etwa eine (Fahrrad-)Viertelstunde lang vorwärts bis zur Unterquerung der Bahnstrecke, die gleichzeitig die Überquerung der eilig dahinsprudelnden Stör darstellt.

Gleich hinter der Brücke finden wir zur Rechten die Reste des Erdwalls, im Frühjahr unter dem Grün der Bäume nicht auf den ersten Blick zu erkennen. Wenn wir den Burgwall halb umrundet haben, stoßen wir auf ein weiteres Gewässer: die gemütlich vor sich hin fließende Schwale, der wir schon in der Innenstadt von Neumünster begegnet sind. Wenige Meter vor der Burg treffen diese beiden Wasserläufe aufeinander und fließen von hier an als Stör weiter – über Itzehoe in die Elbe.

Achtung, Radfahrer: Die Überquerung der Stör auf dieser Brücke ist für Radwanderer mit gut gefüllten Seitentaschen oder gar mit einem Anhänger unter Umständen beschwerlich, weil der Brückensteg recht schmal ist. Ein Anhänger sollte abgekuppelt und einzeln über die Gitterrost-Konstruktion geführt werden.

Diese Lage auf einer Sanderhalbinsel zwischen zwei Flüsschen deutet darauf hin, dass es sich bei der Wittorfer Burg um einen Beobachtungsposten und eventuell um eine Schutzburg zur Verteidigung gegen Überfälle marodierender (Slawen-)Stämme und gegebenenfalls gegen die Dänen aus dem Norden handelte.

Im Burgwall ist übrigens ein Schatz vergraben. Einst wollte der Lehrer von Padenstede diesen Schatz bergen. Er wusste, dass das nur zwischen Mitternacht und 1.00 Uhr gehe; also fand er sich zu dieser Zeit bei der Burg ein und traf auf die Prinzessin. Damit sie erlöst werde, müsse er, so erfuhr er von ihr, nacheinander einen Frosch, einen Wolf und eine Schlange küssen. Mutig nahm er die Probe auf sich und überwand sich bei Frosch und Wolf – in deren Gestalt übrigens die Prinzessin steckte. Aber bei der garstigen Schlange konnte er nicht mehr

VERLORENE WEGE, VERSTECKTE BRÜCKEN

Der bebaute Teil der Straße Ochsenweg im Süden von Neumünster ist relativ breit; daraus ließe sich schließen, dass er möglicherweise als Triftweg diente. Unser Blick geht vom schmalen Ende kurz vor der Altonaer Straße nordwärts.

und suchte das Weite; die Prinzessin muss wohl noch heute unerlöst sein ...[48]

Von der Burg aus führt die Ochsen-Radwegroute eine Weile weit westlich der historischen Trasse durch kleine Ortschaften und Felder nach Wiemersdorf, wo sie die historische Wegführung kreuzt; wer dichter an dieser Spur bleiben will, fährt zurück durch den Wald und sucht von der Burgstraße den Anschluss an den Iltisweg und den Lerchenweg ...

... wecl Letzterer dann seinerseits in die Straße namens Ochsenweg übergeht. Und weil die historische Trasse zwischen Neumünster und Bad Bramstedt mehr oder minder der heutigen Alto-

Auf der östlichen Seite der Altonaer Straße wird der Weg südwärts schmaler ...

---

48 Auch diese Sage findet sich in der schon erwähnten Sammlung von Müllenhoff. Vgl. Ausgabe Schleswig: Bergas 1921, Nr. 538. Zu Neumünster u.a. auch die Nrn. 539 und 569.

DER ALTE OCHSENWEG

... und bietet manchen Seitenweg in die Natur.

alles: Die Altonaer Straße schneidet die historische Wegführung, der Weg auf der anderen Straßenseite ist deutlich erkennbar die Fortführung eines ursprünglichen Weges Richtung Süden. Wir können dem Weg eine ganze Weile in Richtung Süden folgen, aber leider führt er schließlich ins Nichts: Kurz vor der Hardebek-Brokenlander Au verliert er sich in den Feldern.

Die Kartenskizze macht deutlich, dass der Weg östlich der Altonaer Straße die (abgeschnittene) Fortsetzung des Weges aus der Innenstadt ist.

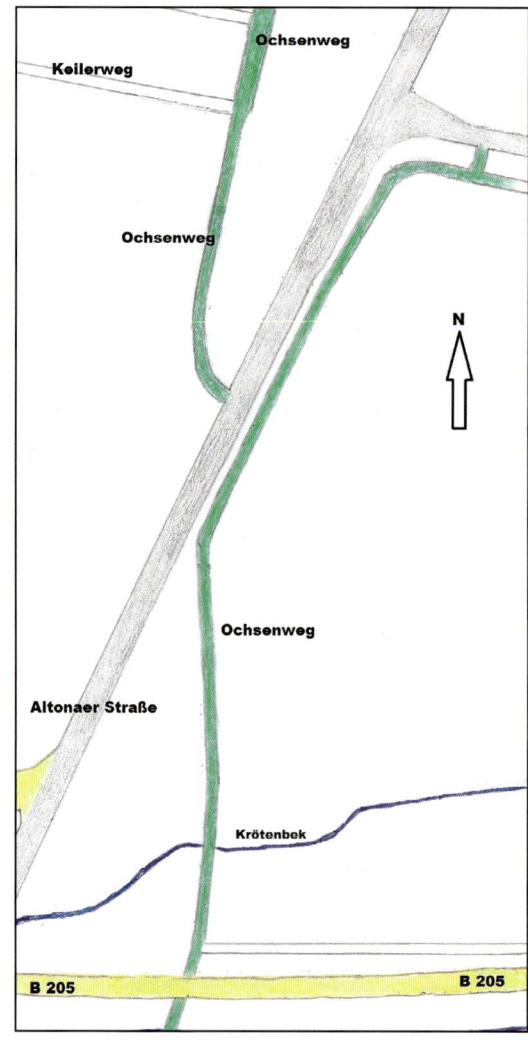

naer Straße (ehemaligen Bundesstraße) entspricht,[49] können wir uns gut vorstellen, dass der Neumünsteraner „Ochsenweg" ein Teil der historischen Strecke ist.[50] Viel Verkehr in der Vergangenheit würde auch die auffällige Breite der Straße und der Baufluchtlinien im nördlichen Abschnitt erklären. Am Ende der Bebauung wird der Weg etwas schmaler und trifft nach einer Kurve Richtung Südosten unversehens auf die Altonaer Straße.

Auf der anderen Straßenseite sehen wir eine dichte Baum- und Sträucherreihe; nichts deutet darauf, dass unmittelbar dahinter ein schmaler asphaltierter Weg liegt, der gleichfalls „Ochsenweg" heißt. Ein Blick auf den Stadtplan erklärt

---

49 In der bis heute für die Frühzeit von Neumünster grundlegenden Studie von Ernst Busche heißt es ausdrücklich: „Auf welchen Wegen die Viehherden, die in Neumünster verzollt wurden, von Norden nach Süden wanderten, ist nicht mehr eindeutig festzulegen ..." Vgl.: Ernst Busche: Flecken und Kirchspiel Neumünster. Ein Beitrag zur Sozial-, Wirtschafts- und Verwaltungsgeschichte Mittelholsteins bis zur Mitte des 18. Jahrhunderts. Neumünster: Wachholtz 1968; Hamburg: [o.V.] 1969, S. 32.

50 Seit wann sie den Namen „Ochsenweg" führt, ist nach Auskunft von Dr. Carsten Obst (vgl. Fußnote 44) nicht bekannt.

VERLORENE WEGE, VERSTECKTE BRÜCKEN

▶ Eine Nebenroute des Ochsenwegs führt von Neumünster über Boostedt und das Gut Gayen auf Bad Bramstedt zu. Boostedt ist in eine hügelige Landschaft hineingebaut. Die moderne Kirche steht etwas erhöht über dem Ort, ist aber von der Straße aus eher nur zufällig zu entdecken.

Kurz hinter der Hardebek-Brokenlander Au stoßen wir auf ein weiteres schmales Gewässer: laut Straßenkarte der so genannte Amtsgraben. Es könnte, so dicht am „Ochsenweg" von Neumünster her, also wieder Sinn haben, nach alten Brücken Ausschau zu halten. Im Verlauf der

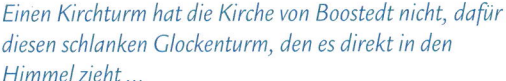
Einen Kirchturm hat die Kirche von Boostedt nicht, dafür diesen schlanken Glockenturm, den es direkt in den Himmel zieht ...

Einfach mal zu Ende: Der Ochsenweg verläuft sich nach einigen Kilometern vor der Ortschaft Brokenlande zwischen Maisfeldern.

Wer sich im Sommer schon frühmorgens auf den Weg macht, wird nicht selten mit besonderen Stimmungsmomenten beschenkt.

DER ALTE OCHSENWEG

Gerade mal etwa drei Meter breit ist die knapp 300 Jahre alte, so genannte Wallensteinbrücke, die unter allerlei Gestrüpp vor sich hin dämmert ...

Wenn wir am Ende des „Ochsenweg" einige hundert Meter nördlich eine detaillierte Radweg- oder Straßenkarte zu Rate ziehen, können wir erkennen, dass die Fortsetzung der Straße „Ochsenweg" durchaus über die Wallensteinbrücke von Brokenlande geführt haben kann – das fehlende Stück ist die grün gestrichelte Linie –: als Teil der historischen Trasse.

Altonaer Straße passieren wir die Straßenbrücke; nach Osten ist der Verlauf des Grabens gut einsehbar, also wenden wir uns nach Westen. Und tatsächlich finden wir etwa 150 Meter westlich der Straße – mit etwas Gespür – eine Granitquaderbrücke aus dem Jahr 1728, nahezu völlig vom Gebüsch überwuchert: die so genannte Wallensteinbrücke. Zu erkennen ist knapp über dem Boden der östliche Bogen der etwa drei Meter schmalen Brücke; der westliche Bogen ist völlig im Gestrüpp verschwunden. Eine Flurkarte aus dem 18. Jahrhundert belegt den Wegverlauf inklusive Brücke und südlich der Brücke ist die Fortsetzung des Weges auch gut vorstellbar. Im Norden hingegen liegt ein Feld, so dass der ursprüngliche Weg abgeschnitten und verschwunden ist – buchstäblich untergepflügt.

Danach passiert der historische Weg das Örtchen Brokenlande. Hier finden wir am südlichen Ortsausgang wiederum einen

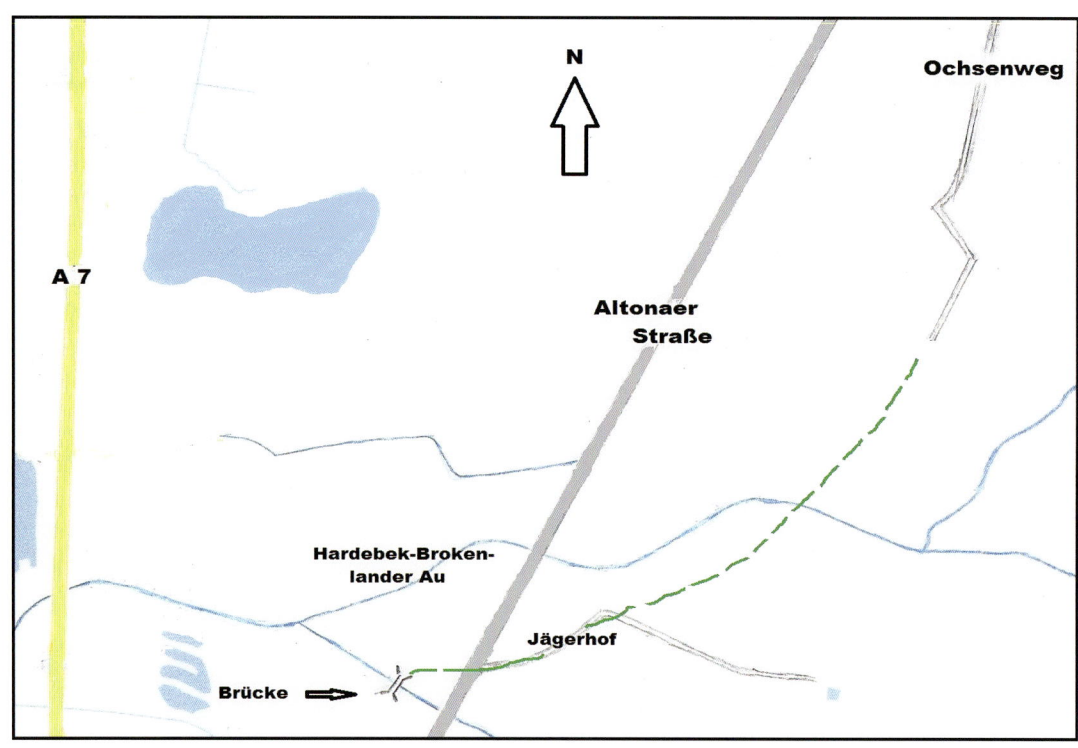

VERLORENE WEGE, VERSTECKTE BRÜCKEN

Nicht zu übersehen: Der Vollmeilenstein von Brokenlande ist ohne Sockel etwa 1,60 Meter hoch.

sie von Nordosten her nach Bad Bramstedt hineinführt.

Der Weg Richtung Süden an der ehemaligen Bundesstraße entlang bringt uns von Wiemersdorf nach Fuhlendorf. Mitten in Fuhlendorf stoßen wir auf einen weiteren – hier etwas verloren stehenden – Meilenstein der Altona-Kieler Chaussee; die Granitsäule zeigt wiederum die Jahreszahl 1832 und das Monogramm des dänischen Königs. Die deutsch-dänische Geschichte ist bis heute auch noch weit südlich der Eider

So unscheinbar dieser Knickweg bei Dorotheental heute aussieht: Wir wüssten schon gern, was er aus den Jahrhunderten der Ochsentriften zu erzählen hätte ...

Der gleiche Knickweg kurz vor Wiesental, wo er auf die ehemalige Bundesstraße trifft.

Meilenstein, der auf die lange Geschichte dieser Straße verweist: Der Abschnitt ist Teil der Kiel-Altonaer Chaussee, zu der Planung und Bauarbeiten im Jahr 1832 aufgenommen wurden.

Manches spricht dafür, dass auch der annähernd parallel zur Altonaer Straße verlaufende Knickweg zwischen Dorotheental (südlich von Brokenlande) und Wiemersdorf Teil der historischen Wegführung war. Die Schotterstrecke wird heute nur noch von den Landwirten der angrenzenden Felder genutzt. Die Radwegroute hingegen kommt von Padenstedt über Hardebek nach Wiemersdorf; hier kreuzt sie wiederum die ehemals als B 4 bekannte Kieler Straße und verschwindet auf der anderen Seite zwischen den Feldern in Richtung Bimöhlen, bevor

DER ALTE OCHSENWEG

überall präsent. Die ehemalige B 4 führt von hier direkt ins Zentrum von Bad Bramstedt.

Der Meilenstein von Fuhlendorf steht dicht am heutigen Straßenrand.

Achtung, Radfahrer: Es wäre ja auch zu schön – aber der Fuhlendorfer Weg, der neben der ehemaligen B 4 entlang einst Fuhlendorf und Bad Bramstedt verband und wohl Teil der historischen Trasse ist, tut dies heute nicht mehr. Er endet vielmehr unversehens an der kreuzenden B 206 – ohne Möglichkeit der Querung! Das sei hier gesagt, weil es aus manchen Karten nicht eindeutig hervorgeht.

Wer hingegen in Wiemersdorf auf der Radwegroute bleibt, die hier die historische Trasse von Wittorf her kreuzt, fährt auf der Rhönstraße in die Felder hinein. Bald hinter einer Bahn-Unterquerung wird aus dem asphaltierten Weg eine Schotterpiste, breit genug für die Begegnung zweier Autos. Mitten im Nirgendwo stoßen wir am Rand eines Wäldchens auf die Kreuzung mit der ebenfalls als Schotterpiste angelegten Straße Gayen, die am gleichnamigen Gut vorbeiführt. Kurz vor dem Gut sorgt ein Straßenschild mit der Tempo-Begrenzung „70" wahlweise für Erstaunen oder Erheiterung.

Auf dem Straßenzug Gayen/Großenasper Weg – der Fortsetzung der Nebenroute von Boostedt her – kommen wir sozusagen durch die Hintertür nach Bad Bramstedt hinein. Wenn

Auf der Radwegroute in Richtung auf das Gut Gayen.

VERLORENE WEGE, VERSTECKTE BRÜCKEN

wir uns im Ort nach rechts wenden und der Bimöhler Straße folgen, landen wir unmittelbar neben der Maria-Magdalenen-Kirche im Norden der Bad Bramstedter Innenstadt.

Blick links, Blick rechts. Der erste Eindruck täuscht nicht: Das Zentrum von Bad Bramstedt, „Bad" seit 1910, ist überschaubar – und darin zugleich ein schönes Beispiel dafür, dass die (heutige) Größe nichts über die historische Bedeutung oder das Selbstverständnis sagt. Die lokale Geschichtsschreibung geht davon aus, dass eine Siedlung an dieser Stelle vielleicht schon im Übergang von der Antike ins frühe Mittelalter entstanden ist; die erste urkundliche Erwähnung lässt aber bis 1274 auf sich warten.

Warum hier? Wieder hilft ein Blick auf unsere Straßenkarte: Wir sehen, dass Bramstedt auf halbem Weg zwischen Kiel und Hamburg sowie annähernd auf halbem Weg zwischen Lübeck

Mit 70 km/h durch den Wald? Radwanderer können ja schließlich nicht gemeint sein, und Autofahrer würden schon mit 40 für eine Staubwolke sorgen, in der Wanderer am Wegrand die Orientierung verlieren würden ...

Durch den Hintereingang: So also beginnt Bad Bramstedt ...

und Itzehoe/Wilster liegt, allesamt aufstrebende Städte im Hohen Mittelalter. Das will uns sagen: Wenn hier – beispielsweise wegen der Lage an vielen kleinen Au-Läufen – schon seit langem eine kleine Siedlung bestand, ist es nicht unwahrscheinlich, dass es eben genau hier sinnvoll schien, eine Rast- und Übernachtungsmöglichkeit samt Station zum Pferdewechsel einzurichten.

Die kleine Maria-Magdalenen-Kirche steht in der Regel offen. Sie wurde wohl im frühen 14. Jahrhundert auf romanischen Granitfundamenten errichtet. Bemerkenswert sind die Kreuzigungsgruppe und der recht dunkle Altarraum mit der Bronze-Taufe, die etwa aus der Zeit der Kirchengründung stammt.

Der Nord-Süd-Weg durch Bad Bramstedt, identisch mit der historischen Ochsenweg-Trasse, führt unmittelbar vor der Kirchentür vorbei. Wenige Meter weiter südlich, kurz vor dem Bleek, dem Marktplatz von Bramstedt, ist die Osterau zu queren (die kurz danach dann Bramau heißt): in früheren Zeiten durch eine Furt, später über Brücken. Die heutige Beecker-Brücke von 1832 ist mittlerweile ein eingetragenes Kulturdenkmal.

Ankunft auf dem Bleek. Als Bramstedt im 16. Jahrhundert noch ein Flecken, keine Stadt war und keine Ortssatzung die Rechte und Pflichten regelte, galten Grundsätze von alters

Bad Bramstedt: die Maria-Magdalenen-Kirche von Süden. Der Turm wurde 1635/36, also mitten im Dreißigjährigen Krieg, errichtet.

Die Bronzetaufe im Vordergrund ist das älteste Ausstattungsstück der Kirche; der Altarraum ist nicht frei zugänglich.

Nahe der vermauerten Südportale steht eine Ruhebank. Dass wir hier gelegentlich eine Schale ausgerechnet mit Äpfeln vorfinden, lässt uns aber doch leise schmunzeln: War hier eine Eva tätig?

VERLORENE WEGE, VERSTECKTE BRÜCKEN

Relativ klein für den großen Platz: der Roland von Bad Bramstedt

Aller Auto-Verkehr, der Bad Bramstedt von Nord nach Süd oder umgekehrt durchquert, fährt auf der Ochsenweg-Trasse über die Beecker Brücke aus dem Jahr 1832, erneuert 1950.

Schau mir in die Augen ... ein bisschen müde sieht der Bad Bramstedter Roland schon aus. Oder ist er resigniert? Es ist jedenfalls zu wünschen, dass sich bald einmal das Geld für seine Sanierung findet – schließlich ist er als Wappenfigur der Botschafter seines Städtchens.

her. Einige davon wurden im 16. Jahrhundert schriftlich im so genannten Fleckensbuch fixiert. Unter Punkt 7 ist dort zu lesen:

Wenn die Ochsen kommen in der Fastenzeit oder später, soll jeder Hufner vier und der Kätner zwei Wagen bereit haben, um damit dem Kaufmann das Heu zu liefern. Zuwiderhandlung wird bedroht mit 24 Schilling an den König und einer Tonne Hamburger Bier an den Flecken.[51]

---

51 Zitiert bei: Hans Hinrich Harbeck: Chronik von Bramstedt. Hamburg: Broschek 1959, S. 159. (Ein Hufner ist ein Landwirt, der Boden besitzt, ein Kätner ist i.d.R. ein unfreier Landarbeiter, der allenfalls über eine kleine Fläche zur Selbstversorgung verfügt.)

Kiirchspielvogt Cirsovius hat sich 1824 nachdrücklich für die Erneuerung der Roland-Figur eingesetzt, 1827 war es dann so weit – und deshalb wird seiner bis heute zu Füßen des Standbilds gedacht.

Das ist ein deutlicher Hinweis auf die wirtschaftliche Bedeutung der Ochsentriften für Bramstedt. Hierüber hinaus auffällig ist in dieser Regularien-Sammlung, wie oft Zuwiderhandlungen mit der Abgabe einer Tonne hiesigen oder Hamburger Bieres belegt wurden; aber wo, fragen wir uns, werden die Fleckensoberen mit all dem Bier geblieben sein?

Wann genau Bramstedt seinen Roland bekommen hat, ist nicht überliefert; in der Regel wird ja keine Gründungsurkunde für ein Denkmal aufgesetzt. Sicher scheint aber, dass Bramstedt schon um 1590 eine Statue auf seinem Marktplatz stehen hat; Heinrich Rantzau beschreibt in seiner schon erwähnten „Neue[n] Beschreibung der Kimbrischen Halbinsel" einen „Riesen, im Volk ‚Roland' genannt, dargestellt als Bewaffneter, der in der einen Hand das Schwert, in der anderen das holsteinische Wappen hält."[52] Die örtliche Geschichtsschreibung geht davon aus, dass es sich um eine hölzerne Figur gehandelt haben müsse, denn 1628 sei das Standbild abgebrannt.[53] Erst im Jahr 1654 sei erneut eine (hölzerne) Figur aufgestellt worden, der erste steinerne Roland wurde 1693 errichtet. Einer Urkunde aus dem Jahr 1652 ist zu entnehmen, dass der Roland die Ochsenmarkt-Geschäfte „beaufsichtigen" sollte (und keine Funktion für die wöchentlichen, sozusagen ochsenlosen Markttage hat):

(...) Haben auch daneben allergnädigst eingewilliget, daß im mehrbesagtem Unserm Flecken Brahmstede zur Beförderung der Eingesessenen nahrung ein erhöheter Rohlandt auf einem grünen Anger am offenen wehge, welcher nach Hamburg fährt, worunter die Brabändischen Kaufleuthe und Ochsenhändler Ihre Contracten schließen und rechtliche Entscheidung in streitigkeiten gewertig sein ... wiederum aufgerichtet werden möge.[54]

Die Statue allein ist rund 2,40 Meter hoch, dazu kommt ein Sockel von etwa 2 Metern – alles in allem wirkt er relativ klein auf dem großen Bleek. Zu Zeiten der Bebauung am Ende des 17. Jahrhunderts war das zweifellos anders.

---

52 Heinrich Rantzau: Neue Beschreibung der Kimbrischen Halbinsel ... [1597] In: Heinrich Rantzau (1526–1598). Statthalter in Schleswig und Holstein. Ein Humanist beschreibt sein Land. [Ausstellungskatalog] Schleswig: Landesarchiv Schleswig-Holstein 1999, S. 215 (= Veröffentlichungen des Schleswig-Holsteinischen Landesarchivs, 64).
53 Max Röstermundt: Bad Bramstedt. Der Roland und seine Welt. Neumünster: Wachholtz 1952, S. 17.
54 Zitiert bei Röstermundt (1952), S. 30.

WECHSELFÄLLE EINES LEBENS: WIEBEKE KRUSE

In dem Augenblick, in dem die Liebschaft von Kirsten Munk, der zweiten Frau des dänischen Königs Christian IV. (1577–1648), mit dessem Bediensteten Rheingraf Otto von Salm auffliegt, ändert sich auch das Lebensschicksal einer Waschmagd. Wiebeke Kruse, geb. um 1605 und in Diensten von Kirsten Munk seit 1625, kommt in der Folge der Affäre um 1628 in den Haushalt von Ellen Marsvin, der Mutter von Munk. Dort fällt sie 1629 dem König auf. Wiebeke wird seine Lebensgefährtin und er findet

König Christian IV. (1577–1648)

Bad Bramstedt wahrt die Erinnerung an Wiebeke Kruse mit diesem Denkmal von Alfred Schmidt. Als Waschmagd fällt sie König Christian IV. auf ...

eine Möglichkeit, sie zu versorgen: Sie erhält den Stedinghof in Bramstedt, der aufgrund der Zeitumstände im Dreißigjährigen Krieg in Not geraten ist. Der König legt dem Hof noch das Land Gayen und die Mühle zu. 1633 wird all das auf Wiebeke überschrieben und das Bramstedter Schloss für sie errichtet.

Doch nach dem Tod des Königs 1648 wendet sich ihr Schicksal erneut: Die Schwiegersöhne von Kirsten Munk jagen die kranke Wiebeke vom Hof und strengen einen Prozess an. Nur zwei Monate nach ihrem König stirbt auch Wiebeke.

Vor allem, weil ihr Nachlass systematisch vernichtet wurde, gibt es nur wenig gesichertes

Wissen. So wurde ihre Herkunft erst 2011 endgültig geklärt. Sie stammt aus Puls im Kirchspiel Schenefeld; die zuvor vermutete Herkunft aus der Bramstedt benachbarten Gemeinde Föhrden-Barl ist nicht durch Dokumente belegt und verdankt sich eher der Legendenbildung.*

Dass Föhrden-Barl westlich von Bad Bramstedt als Wiebeke-Kruse-Dorf firmiert, geht vor allem auf einen romantischen Roman von Johanna Meßtorf aus dem 19. Jahrhundert zurück.

... und der sorgt für den Bau des Bramstedter Schlosses, von dem heute nur noch das Torhaus steht. Ob und wann Wiebeke Kruse den Stedinghof oder das Schloss als Wohnsitz genutzt hat, ist nicht mehr festzustellen.

*Vertiefend: Jan-Uwe Schadendorf: Der Schleier ist gelüftet. Zur holsteinischen Herkunft der Wiebeke Kruse. In: Vorträge der Detlefsen-Gesellschaft 16 (2014), S. 69–86.

Straßenbrücke über die Bramau in Weddelbrook.

Der Abschnitt seit der Kreuzung Gayen ist übrigens auch Teil des Radwanderfernwegs „Mönchsweg", den wir in Großenaspe schon einmal kurz berührt haben. Von Bad Bramstedt führt er weiter über Weddelbrook, Mönkloh und Bokel (Kr. Pinneberg) umwegereich über Wrist und Itzehoe nach Krempe und schließlich nach Glückstadt. Wir berühren den Weg, der einer anderen Trasse folgt, also nur gelegentlich; in Bad Bramstedt kreuzt er unsere Route.[55]

55 Vgl.: www.moenchsweg.de [Zugriff vom 19.08.2020].

DER ALTE OCHSENWEG

Auch an der Friedrichsbrücke von 1832, dem südwestlichen Ausgang des Bleek, entdecken wir das Königsmonogramm.

Gemächlich fließt die Hudau unter der Friedrichsbrücke hindurch.

Die Kartenskizze macht den Weg-Verlauf über die heutige Altonaer Straße gut nachvollziehbar.

Von der Einmündung der Straße Ochsenweg geht der Blick auf den Beginn der Altonaer Straße (zwischen den Bäumen) als Teil der Altona-Kieler Chaussee. Aus der Wege-Situation lässt sich schließen, dass hier einst die Ochsenweg-Trasse verlief.

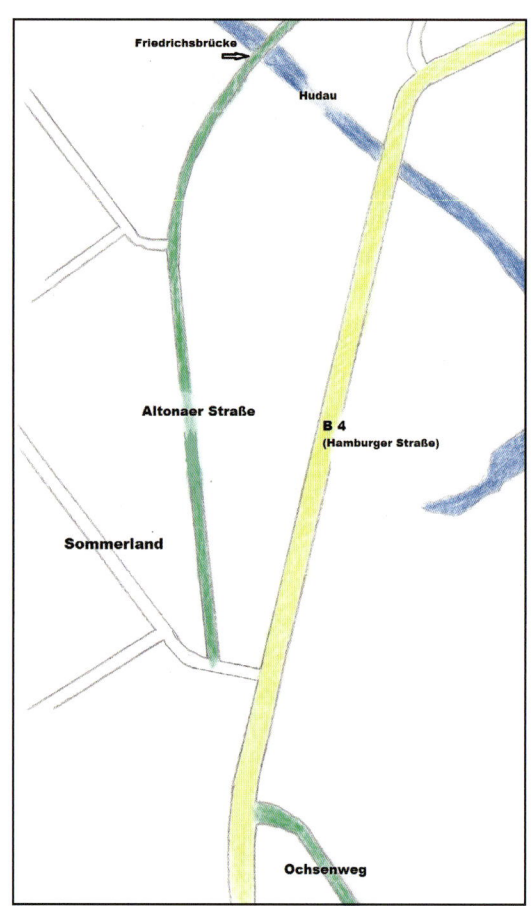

VON BAD BRAMSTEDT IN DEN KREIS PINNEBERG

Nach der (heutigen) Straßensituation im Süden Bramstedts können wir uns gut vorstellen, dass die Ochsentriften den Marktflecken durch eine Furt in der Au und in späteren Zeiten über die Vorgängerin der Friedrichsbrücke und die Altonaer Straße in Richtung auf die heutige Straße „Ochsenweg" verlassen haben.

Dieser Ochsenweg führt in seinem weiteren Verlauf heute zwischen einer Seniorenresidenz, Park-Anlagen, Kur- und Klinik-Einrichtungen sowie schließlich einem Golfplatz hindurch aus der Stadt hinaus. Die historische Trasse verläuft von hier in einer langgestreckten Kurve erst über die Schotterpiste „An der Moorbahn" und dann durch das Waldburg-Gebiet auf Lentföhrden zu; die Radwegroute liegt auf diesem Abschnitt unserer Erkundungen dicht an der historischen Wirklichkeit.

Vom Ochsenweg zweigt der Verlobungsweg ab, der an diesem idyllischen kleinen See entlangführt.

Die Straße namens An der Moorbahn, sehr wahrscheinlich Teil der historischen Trasse, führt von Bad Bramstedt gesehen erst durch ein Wäldchen und dann über diesen Fuhrweg.

Was will uns dieses Schild sagen? Wir wissen nun zwar Bescheid, aber verhindern könnten wir eine möglicherweise fatale Begegnung ja wohl nicht ...

WAS DIE „LANDTAFEL" VON 1588 ERZÄHLT

Während der Ochsenweg zwischen Dänemark und der Eider historisch und archäologisch gut erforscht und dokumentiert ist, sind im Abschnitt zwischen Eider und Elbe noch viele Fragen offen. Für erste Antworten kann hier nur die Kombination von klassischer und digitaler Archäologie mit historischen Dokumenten sorgen.

Eines dieser Dokumente ist die „Landtafel" der Grafschaft Holstein-Pinneberg. Die Karte wurde im Lauf von drei Jahren von Daniel Frese (1540–1611) und seinem Mitarbeiter Georg Berger erstellt und 1588 beim Auftraggeber abgeliefert. Sie sollte historische und gegenwärtige Verhältnisse der Grafschaft klären helfen: Graf Adolf XI. von Schauenburg (1547–1601) bestellte bei dem gebürtigen Dithmarscher Frese die möglichst detaillierte Darstellung aller Städtchen und Dörfer, Bach- und Flussläufe, Wälder, Weiden, Grenzsteine ... und des Ochsenweges.[56]

Die Detailfreude und -genauigkeit der fünf mal viereinhalb Meter großen Karte ist erstaunlich, vor allem innerhalb der Grenzen der Grafschaft. Dass Frese vielfach direkt vor Ort recherchiert hat, wird an vielen dokumentierten, teils auch liebevoll ausgemalten Details erkennbar; wir bekommen ein umfassendes Bild der Grafschaft. Gleichwohl bleibt doch eine Reihe von Fragen offen. So sind in der Karte beispielsweise Bezeichnungen von Fluren oder Gemarkungen vermerkt, die wir heute gar nicht mehr oder nicht zweifelsfrei zuordnen können, z.B. „Lintlo" im Nordosten der Grafschaft. Allerdings wäre zu bedenken, dass es sich um Hör- oder Übermittlungsfehler während der Entstehung handeln könnte.

Auftragsgemäß ist also auch unser Ochsenweg zwischen Bramstedt und Wedel verzeichnet. Markiert ist die Wegführung durch etliche Tiere und auch einige Treiber. Damit keine Missverständnisse aufkommen, hat Frese in der Karte nahe des erwähnten Lintlo eigens vermerkt: DIT IS DE OSSENWECH VAN BRAMSTEDE NA WEDEL. Diese Erwähnung allein deutet auf die große wirtschaftliche Bedeutung, die der Weg für die Grafschaft hat; interessanterweise hat Frese den Nebenweg nach Hamburg aber nicht eingezeichnet.

Das Original der Karte gehört zum Bestand des Stadtarchivs in Bückeburg, eine zwischen 1949 und 1951 angefertigte Kopie hängt im Treppenhaus des Altonaer Musems in Hamburg. Die Kopie ist allerdings unzureichend ausgeleuchtet und weil wir sie zudem nur aus dem Abstand von mehreren Metern betrachten können, empfiehlt es sich unbedingt, ein kleines Opernglas dabei zu haben – anderenfalls entgehen uns die interessantesten Details.

---

56 Vgl. zum Auftrag: Lorenz Petersen: Daniel Freses „Landtafel" der Grafschaft Holstein (Pinneberg) aus dem Jahre 1588. In: Zeitschrift der Gesellschaft für Schleswig-Holsteinische Geschichte 70/71 (1943), S. 224–246, hier v.a. S. 224f.

► Noch einmal 100 Jahre älter als die Friedrichsbrücke in Bad Bramstedt ist die Königsbrücke in Schmalfeld einige Kilometer südöstlich von Bad Bramstedt. Sie wurde 1712/23 ausschließlich aus Granitquadern errichtet – woraus wir schließen, dass sie wohl nicht nur aus bearbeiteten Findlingen, sondern auch eigens zugelieferten Steinen erbaut wurde. Der dänische König Frederik IV., Auftraggeber des Bauwerkes, soll bei der Präsentation der Rechnung zusammengezuckt sein und gesagt haben: „Die Brücke wurde wohl aus Gold gebaut?" – daher ihr Name. Nach einer aufwändigen Sanierung 1983/84 vermittelt sie uns nun einen authentischen Eindruck von Bau und Aussehen der Brücken ihrer Zeit.

Wie es südlich von Lentföhrden um die historische Wirklichkeit der Trasse bestellt ist, geht weder aus der erwähnten Karte von 1588 noch aus dem Gelände zweifelsfrei hervor. Zwar zeigt uns Freses „Landtafel" eine Ochsentrift, aber bei aller Genauigkeit, die der Kartograph aufwendet, bleibt der Trassenverlauf doch im Unklaren. Wenn die Eintragung „Schirow" tatsächlich auf

Die Königsbrücke in Schmalfeld, Teil einer Ochsenweg-Nebenstrecke.

DER ALTE OCHSENWEG

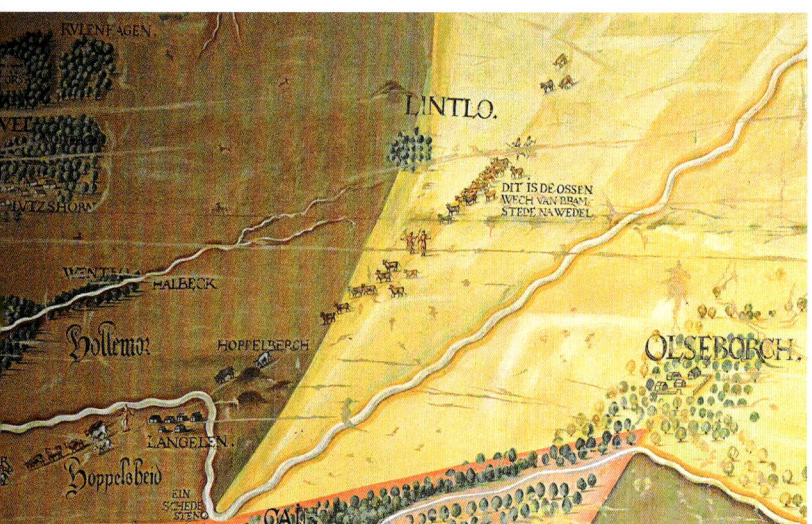

In seine „Landtafel" von 1588 hat Kartograph Daniel Frese Ochsen und Treiber eingezeichnet, die von „Bramstede" in Richtung auf „Langelen" unterwegs sind – ein unmissverständlicher Hinweis nicht nur auf die historische und wirtschaftliche Bedeutung der Ochsentrift, sondern wohl auch auf den Wegverlauf.

Teile der früheren Nützener Heide werden heute landwirtschaftlich genutzt.

Schirnau am westlichen Rand von Kaltenkirchen hindeutet,[57] hieße das, dass die Triften doch eine weite Kurve vollzogen hätten – deren Grund noch zu klären wäre. Denn sicher ist, dass die Tiere irgendwo zwischen Heidkaten und Langeln den heutigen Kreis Pinneberg betreten haben. Diesen Eintritt bei Langeln verzeichnet Frese auch („Langelen").

Vielleicht ist „Schirow"/Schirnau – trotz der andernorts zu beobachtenden Genauigkeit des Kartenzeichners – aber auch nur als Anhaltspunkt gemeint, weil ihm andere Gemarkungsbezeichnungen trotz seiner Recherchen nicht bekannt waren. Jedenfalls spricht viel dafür, dass die Tiere von Lentföhrden her über die Nützener oder die Kaltenkirchener Heide,

---

57 Diese Möglichkeit hat u.a. Pieplow (1983), S. 110, ins Spiel gebracht; und sie hat wegen „-ow" im Niederdeutschen = -au und wegen der Lage zu Kaltenkirchen etwas für sich.

westlich bzw. östlich der heutigen B 4, getrieben wurden.

Die Nützener Heide, einst tatsächlich eine weitflächige Heideregion, ist ein Naturschutzgebiet mit einem Landschaftsbild, wie es wohl zu Zeiten der Ochsentriften schon existierte: Sand, Kiefern, Birken, zwischendrin Getreide-Anbau. Die K 29 von Lentföhrden ist Teil unserer Radwegtrasse. Autos kommen hier nicht allzu oft durch, das Radfahren ist angenehm. Wo die K 29 auf die K 48 trifft (und wir uns für eine Richtung entscheiden müssen), geht's entweder nach rechts weiter in Richtung Heidmoor oder links herum auf Heidkaten zu.

Biegen wir von der K 29 nach rechts ab, kommen wir also zum Bauerndorf Heidmoor. Dort finden wir am Abzweig nach Mönkloh unmittelbar am Straßenrand eine kleine Ansammlung von Grenzsteinen aus der ersten Hälfte des 19. Jahrhunderts. Gut erkennbar sind die Inschriften GR für Grafschaft Rantzau und das

Die Radwegroute führt quer durch das Naturschutzgebiet; auf den schmalen Straßen und Wegen sind fast nur Landwirte unterwegs.

Ein paar Kilometer nordwestlich ihrer ursprünglichen Standorte wurden diese Grenzsteine zusammengezogen – weil man ihren Verlust befürchtete.

DER ALTE OCHSENWEG

Die Kaltenkirchener Heide ist sich selbst überlassen.

Königsmonogramm FR (Fredericus Rex), dem wir nun schon mehrfach begegnet sind. Eine kleine Info-Tafel neben der Steine-Sammlung sagt uns, dass diese Grenzsteine im Zuge der Planungen für den Großflughafen Kaltenkirchen Anfang der 1970er Jahre zusammengetragen und hier aufgestellt wurden, um nicht verloren zu gehen. Das benachbarte Mönkloh ist ebenfalls ein kleines, sehr grünes und gepflegtes Bauerndorf.

Achtung, Radfahrer: Für den Fall, dass Sie sich, ganz neugierig, so weit vom Ochsenweg entfernt haben, soll hier gesagt sein, dass es nicht ratsam ist, von Mönkloh aus dem Richtungshinweis Bokel (über die Glückstädter Straße) zu folgen. Anfangs ist der Weg gut befahrbar, aber wo der Wald beginnt, ist's damit vorbei: Ab sofort besteht der Weg aus extrem vielen und extrem tiefen Schlaglöchern, die selbst Fahrer eines geländegängigen Autos zur Verzweiflung treiben und Radwanderer zu erheblichem Herumeiern zwingen. (Dieser fatale Abschnitt ist übrigens auch Teil des erwähnten Mönchswegs!)

VON BAD BRAMSTEDT IN DEN KREIS PINNEBERG

Nahe der Kaltenkirchener Heide erinnert ein Gedächtnispfad an die Häftlinge und Zwangsarbeiter im NS-Außenlager Kaltenkirchen.

Am südlichen Ende der Heeder Tannen nahe des östlichen Ortsausgangs von Heede: Sind die Triften hier auf den Weg nach Barmstedt abgebogen?

Im Voßmoor nördlich von Langeln stoßen wir wieder einmal auf bronzezeitliche Grabhügel.

Von Mönkloh fahren wir zurück nach Heidmoor; kurz bevor wir zur B 4 kommen, biegt der Weg nach rechts ab auf Langeln zu. Wenn wir den Hinweis „Langelen" auf Freses „Landtafel" ernst nehmen, bietet sich der Raum zwischen

DER ALTE OCHSENWEG

Langeln und Alveslohe (bei einer Trift über „Schiirow" bzw. die Kaltenkirchener Heide) oder zwischen Heede und Langeln, entlang der Heeder Tannen (bei einer Trift über die Nützener Heide) als Route an; verlässliche Spuren haben wir hier aber nicht.

Die Radwegroute von Lentföhrden führt direkt nach Langeln und lässt Barmstedt rechts liegen. Keinen Abstecher in das Landstädtchen zu machen, wäre allerdings auch schade, denn hier lässt sich an der Kirche oder auf der so genannten Schloßinsel gut eine Rast einlegen.

In welchem Zeitraum und Umfang Barmstedt Schauplatz von Ochsenmärkten oder zumindest -handel war, lässt sich aus Quellen bis heute nur unzureichend erschließen. Zwar gibt es Hinweise aus der Zeit unmittelbar vor dem Dreißigjährigen Krieg, als Graf Ernst die Grafschaft Holstein für die Schauenburger verwaltet – also im Zeitraum zwischen 1601 und 1622 –, die sich aus einem von ihm angeforderten Verzeichnis der Krüge ergeben. Im 18. Jahrhundert scheint es immerhin noch einen florierenden Zwischenhandel gegeben zu haben, denn die Quellen berichten davon, dass jeder Einwohner der Stadt zu Marktzeiten Bier ausschenken durfte. Aber die örtliche Chronik muss auch kleinlaut zugeben, dass sich die wirtschaftlich interessanten Zoll- und Brückengeldstellen nach dem Dreißigjährigen Krieg in Ellerhoop und Langeln befanden.[58]

Der Ort wird erstmals im Jahr 1140 aus Anlass seiner Kirche in einer Urkunde des Erzbischofs Adalbero von Bremen († 1148) erwähnt.[59]

Die Kirche, die wir heute im Ort sehen, hat allerdings mit jener aus dem Hohen Mittelalter nur wenig zu tun: Der romanische Bau wurde 1717/18 abgerissen und durch den heutigen barock geprägten Neubau ersetzt; auf die Vorgänger-Kirche verweisen das Fundament des wehrhaft wirkenden Rundturms und ein Teil der Westmauer.[60]

Wie so häufig in schleswig-holsteinischen Landstädten findet sich die Kirche in der Mitte eines kleinen Straßen-Rondells; ein Teil davon ist die Chemnitzstraße. Anders als man erstmal vermuten würde, hat die Bezeichnung allerdings nichts mit der sächsischen Stadt zu tun, etwa als Hinweis auf eine freundschaftliche Beziehung der Städte. Vielmehr ist damit Matthäus Friedrich Chemnitz (1815–1870) gemeint. Selbst wer mit der deutschen Literaturgeschichte gut vertraut ist, kennt den Namen eher nicht. Chemnitz, geboren in Barmstedt, dichtete in seiner Zeit als Advokat in Schleswig den Liedtext „Schleswig-Holstein, meerumschlungen" auf eine Melodie von Carl Gottlieb Bellmann, den wir schon als Kantor des St.-Johannis-Klosters vor Schleswig kennengelernt haben.

In der politisch bewegten Zeit vor der Revolution von 1848 gab Chemnitz' Text dem Wunsch nach der dauerhaften Zusammengehörigkeit von Schleswig (das von Dänemark beansprucht wurde) und Holstein einen ebenso drängenden wie zeittypisch pathetischen Ausdruck. In seiner siebten (= letzten) Strophe taucht auch das Bild

---

58 Vgl.: Stadt und Kirchspiel Barmstedt. Eine geschichtliche Schau. Hg. v. Hans Dössel. III. Heft: Verwaltung, Märkte … Barmstedt: Prange o.J. [1936/39], S. 205–207.

59 Vgl.: Bernhard Theilig: Der Anfang Barmstedts. In: Jahrbuch für den Kreis Pinneberg 1980, S. 7–10 (Wiedergabe des Urkundentextes).

60 Vgl.: Bernhard Theilig: Die Heiligen-Geist-Kirche in Barmstedt und ihre Geschichte. In: Jahrbuch für den Kreis Pinneberg 1980, S. 11–26. Vgl. auch: Hans Dössel: Unsere Heiligen-Geist-Kirche. In: Hans Dössel: Barmstedt. Geschichtliche Schau. Mit Beiträgen von Dr. Helmut Wulf u.a. Hg. v. d. Stadt Barmstedt. Husum: Husum Druck- und Verlagsgesellschaft 1988, S. 13–58.

Der Bauerngarten hinter dem Humburg-Haus (links) bietet im Sommer eine kleine Ruhe-Idylle; rechts ist der Turm der Heiligen-Geist-Kirche erkennbar.

von Schleswig-Holstein als Doppeleiche „stammverwandt" auf:[61]

*Teures Land, du Doppeleiche
unter einer Krone Dach,
stehe fest und nimmer weiche,
wie der Feind auch dräuen mag!
Schleswig-Holstein, stammverwandt,
wanke nicht, mein Vaterland!
Schleswig-Holstein, stammverwandt,
wanke nicht, mein Vaterland!*

Weil aber der Aufruhr nach der erwähnten Schlacht von Idstedt 1850 vorerst zuungunsten der deutschen Seite ausgegangen war, musste Chemnitz – wie beispielsweise auch sein

Im Türbalken des Humburg-Hauses ist das Marienmonogramm beachtenswert.

---

61 Über Doppeleichen als politische Symbole informiert: Jörg Matthies: Die Schleswig-Holsteinische Doppeleiche. Zur Motivgeschichte eines regionalen Nationaldenkmals. In: Nordelbingen 67 (1998), S. 81–112. Die Strophe zitiert nach: Peter Wenners: Schleswig-Holstein und Dänemark. Geschichte im Spiegel der Literatur. Heide: Boyens 2019, S. 179f.

Advokaten- und Dichter-Kollege Theodor Storm (1815–1888) aus Husum – ins Exil gehen. Erst der Sieg von Bismarcks Armee über die dänischen Truppen 1864 ermöglichte ihm die Heimkehr. Er war dann erst zwei Jahre als Kloster- und Amtsvogt in Uetersen und ab 1867 als Amtsrichter in Altona tätig.[62]

Noch in Sichtweite der Kirche finden wir an der Chemnitzstraße auch das Haus Nr. 10, das so genannte Humburg-Haus, ein Ortsgemeinschaftshaus, in dem Vereinstreffen, politische Sitzungen und Veranstaltungen stattfinden. Auffällig ist der liebevoll restaurierte Türbalken mit dem Marienmonogramm. Der kleine Bauerngarten hinter dem Haus ist auf jeden Fall einen kurzen Besuch wert.

Auf den dreieckigen Marktplatz des lebhaften Städtchens mündet eine Straße mit dem – uns nun schon vertrauten – Namen Kuhberg. Dass hier der Ochsenhandel stattfand, kann nur vermutet werden. Immerhin hat eine ansässige Schlachterei vor Jahrzehnten in ihren Neubau zur Straße hin eiserne Ringe, an die die Tiere traditionell angebunden wurden, in das Mauerwerk eingelassen[63] – als kleine Erinnerung an dieses Kapitel der Historie. Inzwischen sind diese Ringe aber nicht mehr nachweisbar.

Unser Rundgang endet auf der so genannten Schloßinsel, einen knappen Kilometer westlich des Marktplatzes gelegen. Wer den Hinweisen auf das „Schloss" folgt, sollte sich aber nicht auf ein norddeutsches Neuschwanstein in einem See würdevoll dahingleitender Schwäne freuen – wie mit der Burg hat es mit dem Schloss in Schleswig-Holstein etwas anderes auf sich. Hier ist ein „Schloss", von wenigen Ausnahmen abgesehen, eher ein ein-, maximal zweistöckiges Herren- oder Landhaus. So auch hier. Dass es hier überhaupt ein Herrenhaus gibt, geht zurück auf die eigenwillige Geschichte des Ortes – allerdings nicht auf die Ritter von Barmstede, die am Anfang des überlieferten Wissens stehen.

Nach dem Erlöschen des Rittergeschlechtes von Barmstede im Hohen Mittelalter wurde das Kirchspiel Barmstedt der Grafschaft Pinneberg zugeführt und ab 1322 von den Schauenburgern regiert. Einige Jahre nach dem Aussterben auch dieser Herrscherfamilie erwarb Christian zu Rantzau (1614–1663), Sohn des königlichen Statthalters Gerhard zu Rantzau (1558–1627), das vormalige Amt Barmstede im Jahr 1649. Weil Christian schon im darauf folgenden Jahr von Kaiser Ferdinand III. (1608–1657) in den Grafenstand erhoben wurde, entstand nun etwas völlig Neues: die reichsunmittelbare Grafschaft Rantzau. Der Sitz des bisherigen Amtsmanns wurde zum „Schloss" umgebaut. Mit der Ermordung des Reichsgrafen Christian Detlev von Rantzau 1721 fand diese Episode nach 70 Jahren ein Ende.

Was wir heute auf der Schlossinsel sehen, ist ein klassizistisches Herrenhaus aus dem Jahr 1806. Zum Ensemble gehören ferner das ehemalige Amtsgericht, in dem heute das Museum der Grafschaft Rantzau die historisch Interessierten kundig unterrichtet, und das ehemalige Schlossgefängnis (mit wiederhergerichteten Zellen!), in dem ein Café untergebracht ist. Nein, Gäste werden nicht in Ketten gelegt, wenn sie nicht mindestens drei Stücke Kuchen bestellen …

Über die Pinneberger Landstraße und den Ziegeleiweg finden wir wieder den Anschluss an die Ochsen-Radwegroute; die Straße

---

62 Sowohl in Barmstedt als auch in Uetersen gibt es Denkmale für Chemnitz und in Uetersen ist (an der Straße Großer Sand) wie im nahen Wedel eine Doppeleiche zu sehen. In Itzehoe kommt beides in einem zusammen: Vor dem ehemaligen Ständesaal steht ein Denkmal in Form einer Doppeleiche. Über Chemnitz und Bellmann auch: Wenners (2019), S. 178–182.

63 Vgl.: Pieplow (1983), S. 112.

Bredenmoor, heute ein Wirtschaftsweg für die anliegenden landwirtschaftlichen Betriebe, könnte Teil der historischen Wegführung gewesen sein.

Zwischen Lentföhrden und Langeln hatten wir die Grenze zwischen den Kreisen Segeberg und Pinneberg überquert. Wir erwähnen das nicht nur nochmals, weil der Kreis Pinneberg den Endpunkt unserer Erkundungsreise darstellt, sondern auch wegen seiner geologisch-hydrologischen Vielfalt. Die von den Gletschern der Kaltzeiten angelieferte Bodenqualität reicht von ausgedehnten Moorgebieten vor allem im Osten des Kreises über Sanderflächen bis zu saftigen Marschen entlang des abgedeichten Elbufers. Und so hält der Kreis ein Kuriosum bereit: Zwar gehört er zu den waldärmeren Gebieten Schleswig-Holsteins, aber seine Bodenqualität lässt mehr Bäume, Sträucher, Zier- und Nutzpflanzen wachsen als in allen anderen Regionen. So wurde aus dem

Im Gebäude des vormaligen Amtsgerichtes ist heute eine Ausstellung zur Geschichte der Grafschaft Rantzau untergebracht, zu besichtigen an Wochenenden.

Die Schlossinsel im Rantzauer See lädt zu einer Ruhepause ein.

DER ALTE OCHSENWEG

Felder bei Schöttelhörn im Süden von Barmstedt

Der Straßenzug Bredenmoorweg / Bredenmoor könnte Teil der historischen Ochsenweg-Trasse gewesen sein; auf jeden Fall ist sie heute alternativer Teil unserer Radwegroute.

Kreis Pinneberg eines der größten zusammenhängenden Baumschulgebiete Europas; und obwohl eine Reihe von Betrieben die Produktion in den vergangenen Jahren umgestellt, eingeschränkt oder gar eingestellt hat, gilt diese Einschätzung noch immer. Im Verlauf unserer letzten Wegstrecke passieren wir Dutzende Baumschulen und Anzuchtbetriebe.

Bei Riehlo stoßen wir wieder einmal auf eine Tafel mit Informationen zu Bedeutung und Verlauf des historischen Ochsenwegs.

WO DIE BÄUME ZUR SCHULE GEHEN

Begonnen hat wohl alles mit einer Idee von Baron Caspar Voght (1752–1839) im damals noch holsteinischen, heute hamburgischen Klein-Flottbek. Der erfolgreiche Kaufmann und Sozialreformer widmete sich nach 1785 zahlreichen landwirtschaftlichen und landschaftsgärtnerischen Projekten. Zu den bekanntesten gehören das zusammen mit dem schottischen Landschaftsarchitekten und -gärtner James Booth (1770–1814) entworfene Mustergut und das gemeinsam mit Lucas Andreas Staudinger (1770–1842) eingerichtete „Landwirthschaftliche Erziehungs-Institut" als landwirtschaftliche Fachschule – zwei Unternehmungen, die typisch sind für das aufgeklärte 18. Jahrhundert.

Aus ihnen ist die erste Baumschule der Region hervorgegangen; auf einem Teil ihrer Fläche ist in Hamburg heute der Jenischpark zu finden. Von Flottbek aus entwickelte sich die kommerzielle Anzucht vor allem im heutigen Kreis Pinneberg zu einem florierenden Wirtschaftszweig, im 19. Jahrhundert noch zunehmend begünstigt durch den zügigen Ausbau des Schienennetzes.

Der schleswig-holsteinische Landesverband im Bund deutscher Baumschulen führt alle vier Jahre eine Erhebung wichtiger Strukturdaten durch. Bei der jüngsten Befragung 2017 wurden in Schleswig-Holstein 249 Baumschulbetriebe gezählt, 199 davon sind im Kreis Pinneberg beheimatet. Alles in allem 3.000 Beschäftigte erzielen landesweit einen jährlichen Umsatz in Höhe von etwa 180 Mio Euro. Rund jede dritte Forstpflanze stammt aus dem Pinneberger Baumschulland.

Wesentliche Absatzmärkte sind außer Deutschland das europäische Ausland sowie Russland und asiatische Länder. Der Ausgleich von Aufwand und Ertrag ist in den vergangenen Jahren schwierig geworden. Manche Betriebe mussten aufgeben. Der Strukturwandel, so Dr. Frank Schoppa, Geschäftsführer des schleswig-holsteinischen Landesverbandes, werde von der Ökonomie getrieben („Wachse oder weiche"). Verbleibende Betriebe vergrößern oder spezialisieren sich.*

*Die Daten beruhen auf der freundlichen eMail-Auskunft von Dr. Frank Schoppa an den Verf. vom 16. Juni 2020.

Ob die historische Wegführung von Langeln aus eher über Bevern oder über Hemdingen verlief, ist nicht einwandfrei festzustellen. Ziemlich sicher ist hingegen der Verlauf zwischen Ellerhoop und Thiensen/Asperhorn hindurch über die heutige Kreuzung bei Oha hinweg in Richtung auf Tornesch (über die Ahrenloher Straße); die Radwegroute hält sich dicht am historischen Weg und durchquert Tornesch im Süden.

Kurz vor Tornesch zieht das Arboretum Besucher aus allen Windrichtungen an. Die rund 17 ha große gärtnerisch gestaltete Parkanlage ist auch als „Norddeutsche Gartenschau" bekannt. Wie der Name Arboretum schon sagt, ging es ursprünglich vor allem um Bäume; heute sind weit mehr als 3000 Baumarten hier zu sehen. Hinzu gekommen sind über die Jahrzehnte hinweg zahlreiche Themengärten (Bauerngarten, Chinesischer Garten, Kamelienhaus, Bernsteinhaus ...). Die Anlage dient Zwecken der Schul- und Volksbildung, der wissenschaftlichen Forschung und nicht zuletzt der Naherholung.

Der nächste Ort auf unserem Weg ist Uetersen.

VON JEVENSTEDT NACH ITZEHOE: DIE WESTLICHE ROUTE

Bei Barkhorn gibt der gelb bemalte Findling auf einem Baumstumpf Rätsel auf: Geht es um die Wiederbelebung magischer Praktiken? fragen wir uns. Ist es ein Zeichen an die Außerirdischen? Oder …?

Von Kattsheide führt die Radwegroute auf einer Schotterstrecke nach Spannan.

Bevor wir aber nach Uetersen kommen, wollen wir noch ein paar Seitenblicke auf die westliche Geest-Route des Ochsenweges werfen. Zur Erinnerung: Am südlichen Ortsausgang von Jevenstedt hatten wir uns dafür entschieden, den Weg in Richtung Neumünster einzuschlagen. Die wirtschaftlich – nach allem, was wir wissen –

weniger bedeutsame Route führt indessen über Stafstedt, Hohenwestedt und Itzehoe nach Uetersen. Wo der schmale Strang von der jütischen Westküste über Husum auf diese westliche Route des Ochsenwegs trifft, ist bislang nicht hinreichend erforscht; die Annahme, dass der Weg über Albersdorf in Dithmarschen verlaufen sein könnte, ist reine Hypothese.

Die Radwegroute schlängelt sich zwischen Jevenstedt und Itzehoe in einiger Entfernung von der bequemen Bundestraße 77 quer durch die Geest; die historische Trasse, die nicht überall gesichert und auch nicht überall erkennbar ist, dürfte abschnittsweise identisch sein mit der heutigen B 77, bildet an anderen Stellen aber eine dritte Wegführung.

Östlich der Häuser-Ansammlung Spannan stoßen wir zwischen den Feldern auf ein Stück historischer Ochsenweg-Trasse.

Die Spurplatten-Strecke bei Legan ist sauber und gut verfugt, das Radfahren ist eine Freude ...

Hinter Jevenstedt verschwindet die Radwegroute in den Feldern, nutzt Wirtschaftswege wie die Straße Pollhorn, passiert das südlich gelegene Barkhorn und kommt bei Spannan auf ein historisch gesichertes Wegstück. Mehrere hundert Meter geht es durch ein Wäldchen bis Legan.

Von Legan aus geht die Radwegroute für eine Weile auf die Gemeinde Stafstedt zu; mitten im

... und eine Schutzhütte steht auch noch am Wegrand.

DER ALTE OCHSENWEG

Ort biegt sie dann wieder ab in die Felder, passiert Brinjahe hinterrücks, hält sich für eine kurze Weile an den Limbrookgraben und streift das Luhnstedter Gehege. Die nächsten Stationen sind Nindorf und Tappendorf, von wo sie über Vaasbüttel nach Hohenwestedt kommt.

Die historische Route hingegen hält sich ab Brinjahe weitgehend an den Verlauf der heutigen B 77. Sie führt durch den Ort Remmels, wo in Ochsentrift-Zeiten die Papenau zu durchqueren bzw. später zu überqueren ist. Die historische Granitquaderbrücke über das Flüßchen ist 1973 in das Freilichtmuseum Molfsee versetzt (und in Remmels durch eine Eisenkonstruktion ersetzt) worden. Sie gilt als eine handwerklich außerordentlich saubere Arbeit. Dass sie aber je nennenswerte Ochsentriften erlebt hätte, kann als beinahe ausgeschlossen gelten: Bald nach ihrer Errichtung im frühen 19. Jahrhundert beginnt die Erschließung Schleswig-Holsteins mittels Schienen.

Wenn wir den nächsten Ort, Hohenwestedt, auf der B 77 erreichen, ist die Lindenstraße, das historische Zentrum des Städtchens, eine der ersten Querstraßen zur Linken; wenn wir den Ort auf der Radwegroute ansteuern, haben wir am Ortseingang die leicht ansteigende Wohnstraße namens Vaasbüttel und ein paar Kurven bewältigt. Die Radwegroute bringt uns direkt in die Lindenstraße. Sie ist eine unaufgeregte Kombination aus viel Bewegungsfreiheit für Fußgänger und ausreichend Raum für den Auto-Verkehr; Alt und Neu kommen gelassen zusammen.

Auf der Radwegroute ist das erste, was wir sehen, das älteste Zeugnis der regionalen Geschichte: der Schalenstein auf der rechten Straßenseite, ein Felsgeschiebe, das die Gletscher der Kaltzeiten in der Region abgeladen haben.

Im Freilichtmuseum Molfsee (bei Kiel) überquert die etwa 200 Jahre alte Brücke von Remmels den Mühlenbach.

Die eingetieften Schalen weisen darauf hin, dass der Stein unseren Vorvorvorfahren für kultische Handlungen diente. Das ebenfalls in den Stein eingeprägte heidnische Radkreuz findet sich seit 1961 im Wappen der Gemeinde.

Der nächste Blickfang sind zwei Denkmale. Als es noch kein Radio und kein Internet gab, übermittelten allerorten Ausrufer im Dienste

Dass wir uns am Findling von Barkholm an magische Praktiken erinnert haben, war nicht so weit hergeholt: Der Schalenstein von Hohenwestedt diente einst der Ausübung heidnischer Zeremonien. Das kleine Bild zeigt die Oberseite mit den Schalen.

Hohenwestedt bezieht sich gern auf seine Geschichte als Triftstation: beispielsweise mit dem Brunnen „Ochsentränke" – hier ein Detail – des Bildhauers Siegfried Assmann.

der Gemeinde, was die Menschen unbedingt wissen mussten; deshalb steht der „Utroper" (= plattdt.: Ausrufer) auf den Stufen der Rathaustreppe. Und noch ein Hinweis auf vergangene Zeiten, der uns auf unserem Weg ganz besonders interessiert: Mit dem Brunnen/Denkmal „Ochsentränke" des schleswig-holsteinischen Bildhauers Siegfried Assmann erinnert Hohenwestedt sich und uns an die Geschichte der Gemeinde als Triftstation am Ochsenweg. Die gelassene Ruhe des Viehhändlers ist durchaus ein Spiegel der Gelassenheit im Ort an einem ganz normalen Montagvormittag ...

Schräg gegenüber vom Brunnen, auf der südlichen Seite der Lindenstraße, finden wir

Nicht mehr im Dienst: Zu Füßen der Peter-Pauls-Kirche ruhen drei Glocken; im Hintergrund das Sandsteinportal mit der Tafel, die die fatale Geschichte der abgebrannten Vorgängerkirche überliefert.

Und noch ein Anlass zur Nachdenklichkeit neben der Kirche: ein Grabstein als Denkmal, ernst, aber irgendwie auch makaber-komisch.

An der Südwand der Kirche wächst ein Apfelbaum. Was will uns das sagen? Zur biblischen Rolle von Äpfeln vgl. unter anderem 1 Mose 3 ...

DER ALTE OCHSENWEG

Plötzlich sich erhebende Hügel im dichten Wald von Jahrsdorf deuten auf ein darunter verborgenes Vorzeitgrab.

Der Weg Heidkoppel besteht auf einer Länge von fast zwei Kilometern nur aus Spurplatten – eben ein typischer schleswig-holsteinischer Wirtschaftsweg.

schließlich die wuchtige Peter-Pauls-Kirche. Die Tafel über der Tür des Sandsteinportals auf der Nordseite berichtet – „Templo pristino combusto" –, dass die Vorgängerkirche an dieser Stelle 1768 abgebrannt ist und umgehend 1769 durch den Neubau ersetzt wurde, den wir jetzt vor uns haben.

Die Radwegroute führt östlich der B 77 aus dem Ort hinaus und auf Jahrsdorf zu. Im Wäldchen östlich des Ortes findet sich eine Reihe von Vorzeitgräbern. Sie sind in dem hügeligen Gelände und unter den Bäumen teilweise kaum erkennbar und weil der Wald auch nicht durch Wege erschlossen wird, sind sie nur schwer aufzufinden. Für die Geschichte der Holsten hat der Ort aber eine besondere Bedeutung, denn auf diesem Höhenzug soll in Vorzeiten und bis ins Mittelalter hinein regelmäßig das Thinggericht für die gesamte Holsten-Region zusammengetreten sein.

Achtung, Radfahrer: Die Radwegroute nutzt östlich von Jahrsdorf den Altenjahner Damm. Obwohl das eine schmale Straße ist – teilweise quer durch Wald und Felder –, herrscht hier reger Schwerlast-Verkehr, denn die Straße ist Zu-/Abfahrt für eine Kieskuhle. Alternativ bietet sich an, im Süden von Hohenwestedt der Straße Friedrichsruh zu folgen und in deren Spitzkurve auf die Feldwege abzubiegen. Etwas nördlich des Altenjahner Damms stoßen wir dann auf die B 77.

Die Radwegroute quert die Bundesstraße und verläuft über den Weg Heidkoppel weiter durch die Felder bis wiederum dicht an die B 77. Kurz bevor Weg und Bundesstraße aufeinander stoßen, führt die Radwegroute in scharfem Winkel nach Nordwesten in Richtung auf das Reher Kratt; zwar biegt sie schon vor dem Kratt-Wäldchen wieder ab in die Felder, aber wir nehmen uns trotzdem die Viertelstunde und sehen uns das Naturschutzgebiet an. Es handelt sich um eines der letzten erhaltenen Eichenniederwaldgebiete Schleswig-Holsteins. Ein Eichen-Kratt entsteht – vorwiegend auf kargen Böden –, wenn die Bäume immer wieder bis auf den Stock gekappt werden und nur als Ausschlag weiterwachsen können; auf diese Weise entwickeln die Bäume oft eigenartig verdrehte, knorrige Stämme. Im Dickicht sind auch seltene Pflanzen wie Bärlapp oder Graslilie zu finden; beide blühen im Juli und August.

Auf unserem Weg nach Itzehoe passieren wir noch die Gemeinde mit dem etwas beunruhigenden Namen Hungriger Wolf. Hier lohnt ein Abstecher in das Flora-Fauna-Habitat (FFH) Rantzau-Tal zu beiden Seiten des Flüsschens Rantzau. Wir erreichen das FFH über die Wege Hungriger Wolf oder Ridders. Der Bach ist in den vergangenen Jahren renaturiert worden und bietet nun unter anderem Bachforelle und Bachneunauge auch wieder Laichplätze. Der Bruchwald ist durch einige Wanderwege erschlossen.

Hungriger Wolf ist vor allem unter Sportfliegern bekannt: als einer der ältesten Verkehrsflugplätze Deutschlands. Er ist heutzutage zugelassen für Segelflugzeuge, Motorsegler und kleine Motorflugzeuge. Was den Namen Hungriger Wolf für Gemeinde und Flugplatz angeht, so soll er sich, einer lokalen Legende zufolge, auf die im frühen und Hohen Mittelalter menschenleere Gegend beziehen: Weil zu dieser Zeit schon der später für die Ochsentriften genutzte Handelsweg existierte, die Gegend aber völlig verlassen war, sollen Wölfe oftmals die Zugtiere der durchkommenden Händler angefallen haben...

Vor allem Stiel- und Trauereichen, daneben auch Birken sind im Reher Kratt vertreten. Charakteristisch sind knorrige Stämme oder dicht beieinander stehende Ausschläge.

Im Rantzau-Tal in der Nähe der Rehbrücke; am rechten Bildrand schlängelt sich das Flüsschen Rantzau durch die Natur.

VON ITZEHOE AN DIE ELBE

Itzehoe, beiderseits der Stör an der Grenze von Geest und Marsch gelegen und nach Einwohnern die zehntgrößte Stadt Schleswig-Holsteins, war offenbar schon gegen Ende des frühen Mittelalters als Siedlungsplatz bekannt: Erstmals wird die Region erkennbar, als die Verwaltung Kaiser Karls des Großen (ca. 747–814) in der Oldenburgkuhle die Esesfeldtburg errichten lässt, um Wikinger und Slawen zu beobachten. Um Ruhe an der Grenze zu bekommen, legen Karl und der dänische König Hemming (811 oder 812) im Jahr 811 die Eider als Grenze zwischen den beiden Reichen fest; hier liegt also der Ursprung späterer dänischer Ansprüche.

Mit der Gründung von Itzehoe hat diese Burg aber noch nichts zu tun. Keimzelle der späteren Stadt ist vielmehr die östlich von ihr in einer Störschleife angelegte Burg Echeho, von der wir nur noch die Lage kennen. Die Siedlung entwickelte sich günstig, erhielt 1238 aus Anlass der Gründung der Neustadt das (lübische) Stadtrecht und war mit Zollfreiheit gesegnet.

Nördlich dieses Siedlungskerns bzw. leicht nordwestlich der heutigen St.-Laurentii-Kirche soll sich im späten Mittelalter der Viehmarkt entwickelt haben. In der Stadt erinnert heute nichts mehr an dieses Kapitel der Vergangenheit. Weil Itzehoe 1657 im Laufe des Dänisch-

Die Burg Echeho war eine Ringwallburg, angelegt von einem sächsischen Herzog aus dem Haus der Billunger. Die Straße namens Burg – und dort eine Gedenktafel – erinnern an den Ort. Das befestigte Haus wurde 1658 abgebrochen, die heutige kreisähnliche Bebauung markiert in etwa den vergangenen Ringwall.

DER ALTE OCHSENWEG

Der Klosterhof von Itzehoe wurde im 19. Jahrhundert landschaftlich (um-)gestaltet; in der Mitte des Hofes liegt heute ein kleiner Teich.

Schwedischen Krieges zudem fast völlig zerstört wurde, hat sich außer dem Kreuzgang an der St.-Laurentii-Kirche auch kein mittelalterliches Gebäude erhalten.

Die St.-Laurentii-Kirche wurde zwischen 1716 und 1718 als barocker Saalbau errichtet, der Turm erhielt seine heutige Form Ende des 19. Jahrhunderts.

Die Wagen-Remisen in der Südost-Ecke des Klosterhofs.

In die Geschichte eingegangen ist die Stadt vielmehr als Keimzelle des Parlamentarismus in Schleswig-Holstein: Im deutsch-dänischen Konflikt, von dem auf diesen Seiten schon so häufig die Rede war, ergriff Itzehoe konsequent die deutsch-gesinnte Seite und war zwischen den 30er und den 60er Jahren des 19. Jahrhunderts wiederholt Tagungsort der Holsteinischen Ständeversammlung. Damit es denn aber doch nicht allzu demokratisch würde, hat das 1864 siegreiche Preußen die Stadt später zum Garnisonsstandort gemacht ...

Hinter der St.-Laurentii-Kirche finden wir die erhaltenen Gebäude des Zisterzienserinnen-

Die heutige Anlage von Schloss Breitenburg stammt im Wesentlichen aus dem 19. Jahrhundert.

Der Prinzeßhof-Garten ist eine liebevoll gepflegte kleine Parkanlage westlich der St.-Laurentii-Kirche.

Klosters, das 1263 von Ivenfleth hierher verlegt wurde, darunter das Äbtissinnenhaus, das im Kern auf das Jahr 1696 zurückgeht und jüngst renoviert wurde, die Stallungen, die später als Wagenremisen dienten, und das Haus einer Konventualin.[64]

▶ Im Südosten von Itzehoe liegt Schloss Breitenburg. Hier können wir tatsächlich fast von einem Schloss sprechen. Die Anlage hat sich im Laufe von rund 500 Jahren von einem befestigten Landsitz im späten Mittelalter zu einer zweiflügeligen Hof-Anlage entwickelt. Im 16. Jahrhundert war Breitenburg unter dem schon erwähnten vielseitig interessierten Heinrich

---

64 Mehr zum Kloster von Itzehoe in: Dieter-J. Mehlhorn: Klöster in Schleswig-Holstein. Itzehoe, Preetz, Schleswig, Uetersen. Heide: Boyens 2004, S. 73–81 (= Kleine Schleswig-Holstein-Bücher, 55).

Weil die Steinburg inmitten einer umzäunten Weide liegt, können wir sie nur von der Straße aus betrachten.

Die Ollnsstraße, im nördlichen Teil noch mit Kopfsteinpflaster belegt, ist heute eine ruhige Wohnstraße.

Rantzau ein bedeutendes geistiges und politisches Zentrum im südlichen Holstein; die Anlage, die wir heute sehen, ist nach wie vor im Besitz der Grafen zu Rantzaus und nur sehr begrenzt zugänglich.

Von Itzehoe führt die Radwegroute über Hohenfelde und Elmshorn nach Uetersen. Von Hohenfelde aus können wir einen kurzen Abstecher nach Westen in das Örtchen Steinburg machen. Am westlichen Ortsrand findet sich der gut erhaltene Ringwall der mittelalterlichen Burg, die dem Kreis Steinburg seinen Namen gegeben hat. Zwar weist ein Schild auf der südlichen Straßenseite auf die Burg hin, aber sie befindet sich in der Mitte einer umzäunten Weide.

Elmshorn ist eine breit hingelagerte Stadt, die sich in den vergangenen Jahrzehnten zudem konsequent hin zur Autobahn 23 ausgedehnt hat. Trotz ihrer Industrie-Geschichte ist die Siedlung erst spät in den Rang einer Stadt erhoben worden. Manche Backstein-Ensemble und zahllose Gründerzeit-Gebäude erinnern an die Industriegeschichte des 19. Jahrhunderts – die in einem eigenen Museum dokumentiert wird –, harren aber in vielen Fällen einer Sanierung.

An den historischen Ochsenweg erinnert hingegen nichts. Einer begründeten Vermutung zufolge ist die heutige Ollnsstraße Teil der Trasse, weil sich eine günstige Stelle für die Krückau-Querung ungefähr im Verlauf der heutigen Straßen Wedenkamp und Vormstegen fand; die Ollnsstraße wäre die logische Fortsetzung dieses Weges.

In Uetersen kommen die beiden Routen, in die sich der Weg hinter Jevenstedt geteilt hat, wieder zusammen. Von Barmstedt bzw. Tornesch her stoßen wir in Uetersen zunächst auf die Straße namens Ossenpadd. Sie kreuzt den Tornescher Weg annähernd in Nord-Süd-Richtung. Links und rechts der lichten Allee finden wir Kleinsiedler-(Doppel-)Häuser. Die gerade Straßenführung deutet darauf hin, dass der Weg tatsächlich schon vor langer Zeit entstanden ist, vielleicht eine gewisse Weile lang so etwas wie die Siedlungsgrenze nach Osten darstellte. Es liegt nahe, anzunehmen, dass der Ossenpadd ein Teil der historischen Trasse ist: nicht nur, weil der Knick des Weges nach Süden auf ziemlich direktem Weg zur Pinnau-Querung führt, sondern auch, weil der Weg mit diesem Knick der Ortsmitte wie so häufig deutlich fern bleibt.

Denn nicht hier, sondern knapp vor der westlichen Grenze des Ortes, also sozusagen am anderen Ende, begann seine Geschichte: mit dem Kloster von 1234/35 und seiner Kirche an der Stelle der ersten Uetersener Burg. Die Stiftungsurkunde des Klosters vermerkt Heinrich II. von Barmstede als Gründer; er wurde später auch in der ursprünglichen, 1240 fertiggestellten Kirche

Die Allee-Straße Ossenpadd in Uetersen führt in Nord-Süd-Richtung direkt auf die Pinnau-Querung zu.

beigesetzt. Die heutige barock geprägte Saalkirche wurde zwischen 1747 und 1749 von Jasper Carstens (1705–1759) errichtet.

Grundlage des Konvents waren die Regeln des Zisterzienserordens. Die Reformation konnte offenbar nur gegen erheblichen Widerstand eingeführt werden und das auch erst

Im Juni ist der Garten des Klosters mit seinen großen Rhododendronbüschen unbedingt einen Zwischenstopp wert.

Der so genannte Südflügel des früheren Klosters Uetersen; unmittelbar nach links schließt sich das Haus der Priörin an (hier von Bäumen verdeckt).

1555. Aus dem Kloster wurde ein Adeliges Damenstift.[65]

Zum Klosterbezirk gehören außer dem Probstenhaus und der Kirche vor allem der so genannte Südflügel, an den sich das Haus der Priörin anschließt, und der Garten mit seinem wunderbaren Rhododendron-Bestand und seinem Gartenpavillon. Hier lässt sich wiederum gut eine kurze Rast einlegen: Vor allem Anfang Juni, wenn der Rhododendron blüht und die Vögel im Park erhöhten Kommunikationsbedarf haben, stellt der Klosterbezirk eine kleine weltferne Oase dar.

Ein Stück nach Westen an der Pinnau entlang finden wir den Koppelberg, auf dem sich einst die zweite mittelalterliche Burg Uetersen

---

[65] Näheren Aufschluss vermittelt wiederum: Mehlhorn (2004), S. 81–92.

VON ITZEHOE AN DIE ELBE

Vom Klosterdeich geht der Blick auf den Uetersener Sportboothafen.

erhob.⁶⁶ Hier fließen eine Pinnau-Schleife, die heute dem Wassersportverein Uetersen als Bootshafen dient, und die Pinnau wieder zusammen. Noch in den 1950er Jahren gab es hier eine kleine Fähre über die Pinnau; vom Klosterdeich aus sehen wir am anderen Ufer hinter dem Deich das ehemalige Fährhaus.

Und noch ein Kuriosum: Eine Reihe von Häusern stößt unmittelbar, also ohne dazwischen liegendes Gärtchen, an den Klosterdeich. Zwar ist der Deich von der Einfahrt zum Sportboothafen her mit der Hilfe eines Übertritts über den Maschendrahtzaun auch öffentlich zugänglich, er ist aber doch eher den Schafen vorbehalten und die Anwohner nutzen ihn

Am Zusammenfluss der Pinnau mit ihrer alten Schleife gab es in früheren Zeiten eine kleine Fähre.

---

66 Zur frühesten Uetersener Geschichte informieren u.a. die Aufsätze von Erwin Freytag in: Jahrbuch für den Kreis Pinneberg 1970, S. 7–43, sowie ferner die Publikationen von Lothar Mosler.

quasi als ihren Garten. Wer hier in der Mittagssonne einnickt, findet sich beim Aufwachen eventuell Aug' in Aug' mit einem neugierigen Deich-Rasenmäher ...

Der eigentliche Ort Uetersen entwickelte sich entlang dessen, was mit einiger Sicherheit der alte Heerweg von Elmshorn her war: dem Straßenzug Mühlen- und Marktstraße, Großer Wulfhagen (heute als Fußgängerzone so etwas wie die Ortsmitte mit dem neuen Marktplatz) und Großer Sand, der unmittelbar auf die Kreuzung Pinnauallee trifft. Im Zuge des südlichen Ortsausgangs überquert die Pinnauallee zwischen einer Papierfabrik und einem Arzneimittel-Hersteller die Pinnau.

Allein diese Wegführung macht deutlich, dass der Pinnau-Übergang an dieser Stelle schon Jahrhunderte alt ist. Ob es sich dabei um „de nie brvgge" aus Daniel Freses Landtafel handelt, ist allerdings offen. Genauso wie die Frage, ob der Heer- in diesem Fall auch zugleich der Ochsenweg von Itzehoe her war; gut vorstellbar ist, dass diese (deutlich kleineren) Triften über die heutige Reuter- und Jahnstraße zum Pinnau-Übergang geführt wurden.

▶ In Uetersen sollten wir uns einen Abstecher zum Museum Langes Tannen im Norden des Städtchens gönnen. Das denkmalgeschützte Gebäude-Ensemble an der Heidgrabener Straße besteht aus einem klassizistischen Landhaus etwa aus dem Jahr 1806 (dem ehemaligen Wohnhaus der Familie Lange), der Museumsscheune von 1762 und einer Remise sowie dem Sockel-Geschoss (Stumpf) der ehemaligen Windmühle. Besucher bekommen im Wohnhaus einen lebendigen Eindruck von der

Das Museum Langes Tannen beherbergt eine Dauerausstellung zur bürgerlichen Wohnkultur zwischen dem späten 18. und dem frühen 20. Jahrhundert.

bürgerlichen Wohnkultur zwischen dem 18. und dem frühen 20. Jahrhundert; auch der weitläufige Park und die Kastanienallee sind unseren Besuch wert.

Von Uetersen aus entspricht das letzte Stück unseres Weges tatsächlich mehr oder weniger genau dem heutigen Verlauf der Bundesstraße B 431. Der Weg führt durch Moorrege, das sich erkennbar aus einem Straßendorf entwickelt hat, und das anschließende Heist. Südlich von Heist durchquert die Straße ein Wäldchen, in dem der Abzweig zum Sportflugplatz Heist liegt.

Der Radweg hingegen verlässt schon im Norden von Moorrege gleich nach dem Überqueren der Pinnau die B 431 und führt gewissermaßen hintenrum durch die Natur an den beiden Orten vorbei. Im Nordwesten von Moorrege passiert er das so genannte Schloss Düneck. Auch hierbei handelt es sich nicht wirklich um ein Schloss, sondern um ein Landhaus, das sich der vermögende Deutsch-Amerikaner Michael Lienau (1816–1893) im Jahr 1871 von seinem Bruder Detlef Lienau (1818–1887) hat bauen lassen. Menschliche Tragödien, die sich in den 1880er Jahren hier abspielten, regten den Schriftsteller und Juristen Carl Bulcke (1875–1936), der um diese Zeit in Uetersen lebte, zu seinem Roman „Silkes Liebe" (1901) an; das Buch ist nur noch antiquarisch zu finden.

Über Spurplatten- und Feldwege erreichen wir den Butterhörnweg südlich des Heistmer Wäldchens und damit wieder die B 431. Wer geübt ist, in der Landschaft zu lesen, kann im westlichen Wäldchen auf den letzten Metern vor der Bundesstraße eine Spur der historischen Trasse in Form eines Hohlwegs entdecken.

Deutlich erkennbar ist, dass zwischen diesen Bäumen ein Hohlweg verlief; wegen laufender Aufforstungsarbeiten ist das Wäldchen südlich von Heist allerdings teilweise für den Zutritt gesperrt.

AUSFLUG IN DIE MARSCH

Von Uetersen aus haben wir mehrere Möglichkeiten zu einem weiteren Abstecher vom Wege – diesmal in die Haseldorfer Marsch. Wenn wir, vom Klosterdeich kommend, nicht wieder nach Uetersen zurückkehren, sondern uns in die Gegenrichtung weiterbewegen, kommen wir nach wenigen Kilometern zu einem weiteren Unikum: der Drehbrücke von Klevendeich, erbaut im Jahre 1887 und damit, so weit bekannt, die zweitälteste funktionstüchtige Drehbrücke Deutschlands. Heute muss sie aber keine Lastkähne mehr durchlassen, sondern vor allem Segler aus dem Hafen, den wir eben besucht haben.

Weil wir vom nördlichen Ufer der Pinnau kommen, haben wir Vorfahrt auf der einspurigen Brücke. Wo sich wenige hundert Meter dahinter dann die Straße teilt, fahren wir nach rechts weiter. Wer mag, kann am Kreuzdeich dem Hinweis nach Bishorst folgen. Diese Ortsbezeichnung verweist auf ein vor fast 500 Jahren weitgehend und vor rund 280 Jahren endgültig in Sturmfluten untergegangenes Dorf mit einer Kirche, die schon Mitte des 12. Jahrhunderts in einer Urkunde des Erzbischofs Adalbero aktenkundig geworden war. Kirche und Dorf waren möglicherweise ein Rückzugsort des Missionars Vicelin. An den Ort erinnert heute nur noch die Wurt Bishorst an der Binnenelbe, zu erreichen über eine lange Eschenallee. Aber schon um das

Die Drehbrücke von Klevendeich westlich von Uetersen tut ihren Dienst seit mehr als 130 Jahren.

Die Pinnau entspringt in Henstedt-Ulzburg, macht bei Pinneberg einen Knick nach Westen und mündet im Bereich der Gemeinde Haselau in die Elbe.

Nur noch die Reste der letzten Wurt von Bishorst unmittelbar an der Haseldorfer Binnenelbe künden vom einstigen Ort, untergegangen 1745.

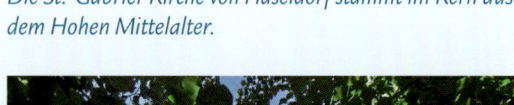

Die St.-Gabriel-Kirche von Haseldorf stammt im Kern aus dem Hohen Mittelalter.

Einlassgitter zur Allee zu überwinden, bedarf es einiger Geschicklichkeit: Schließlich sind wir hier in einem Naturschutzgebiet.

Weiter führt uns der Weg über Hohenhorst nach Haseldorf. Ziemlich genau in der Ortsmitte finden wir das zum Gut gehörende Herrenhaus, im Volksmund auch Schloss genannt, erbaut 1804 nach Plänen des schon erwähnten allgegenwärtigen Baumeisters Christian Frederik Hansen. Für seinen Auftraggeber Hans-Heinrich von Friccus-Schilden hat Hansen einen in seiner klassischen Klarheit musterhaften eingeschossigen Backsteinbau entworfen. Die Freitreppe vor dem Eingang und die Dachgauben wurden erst am Ende des 19. Jahrhunderts ergänzt – aber sie fügen sich ein, als seien sie 1804 miterrichtet worden.

Um 1900 gehörte das Fideikommiß-Gut Emil Prinz von Schoenaich-Carolath (1852–1908), der eine kleinere Rolle in der Literaturgeschichte seiner Zeit spielte; seine Lyrik ist vor allem der späten Romantik verpflichtet.[67] Seine Gast-

---

67 Vgl.: Carsten Dürkob: „Der Nicht-Erfüllung schattenvoller Kranz." Leben, Werk und literaturge-

Das Herrenhaus von Haseldorf wurde im Jahr 1804 erbaut.

freundschaft hat manche Spur in der Literatur der Zeit hinterlassen, beispielsweise bei Rainer Maria Rilke (1875–1926). Dieser erwähnt in seinem Roman „Die Aufzeichnungen des Malte Laurids Brigge" (1910) einen mit Narzissen gefüllten silbernen Schwan als ein dekoratives Element. Diesen Schwan hat Rilke in Haseldorf gesehen – und er steht auch heute noch im Gartensaal und wird gern mit Narzissen ausstaffiert. (Das Herrenhaus ist nicht öffentlich zugänglich.)

Fast unmittelbar neben dem Herrenhaus finden wir die kleine spätromanische St.-Gabriel-Kirche, errichtet zwischen 1200 und 1250, mit einem Triumphkreuz aus dem frühen 14. Jahrhundert und der Patronatsloge von 1731 für die Gutsherrschaft. Im Schatten dieser Kirche „in Lindenfinsternissen" liegt Emil Prinz von Schoenaich-Carolath begraben.

Manch Sonntag ging durchs weite Land,
Das schlichte Kirchlein mocht' es wissen,
Das einsam einst am Bühle stand,
Umrauscht von Lindenfinsternissen ... [68]

Über Haselau fahren wir auf Heist zu – und finden uns unversehens wieder auf der Radwegroute des Ochsenwegs.

---

schichtlicher Ort des Prinzen Emil von Schoenaich-Carolath (1852–1908). Oldenburg: Igel 1998 (= Literatur- und Medienwissenschaft, 65).

68 Emil Prinz von Schoenaich-Carolath: Kirchgang. In: Ders.: Gedichte. 1878–1908. Mit einem Nachwort hg. v. Carsten Dürkob. Paderborn: Igel Verlag Literatur 1997, S. 161–163, hier: S. 161 (= Ausgewählte Werke, 2).

DER ALTE OCHSENWEG

Im Norden von Holm kreuzt die Holmau die B 431 bzw. die historische Trasse.

Auch die im Straßenverlauf heute kaum wahrnehmbare, nur durch Leitplanken zu erkennende Überquerung der Holmau kann als Hinweis auf die historische Trasse gedeutet werden – wenngleich immer zu bedenken ist, dass Brücken, solange sie aus Holz bestanden, auch gelegentlich neu errichtet und bei der Gelegenheit meist ein kleines Stück verlegt wurden. Jedenfalls ist Daniel Freses Markierung der „Arensbrug" in seiner Landtafel aber doch ein Hinweis auf eine bedeutsame Querung.

Lange vor Holm biegt die Radwegroute wieder in die Felder ab, streift zwei Vereinsgelände und führt dann über den Katastrophenweg – doch, der heißt wirklich so! – in die Holmer Sandberge. Diese Bezeichnung ist ein hübsches Beispiel für das norddeutsch-typische Understatement: Die „Sandberge" sind nichts weniger als das größte schleswig-holsteinische Binnendünengebiet.

Noch um 1900 waren diese Binnendünen offene Sandflächen. Um die Verdriftung durch Wind zu verlangsamen, wurden nach 1918 systematisch Kiefern gepflanzt. Anfang der 2000er Jahre legte die Gemeinde Holm dann einen Teil der mittlerweile doch stark beschatteten Heide- und Sandflächen wieder frei, so dass die Dünen nun wieder als solche erkennbar sind. Heide, Silbergras, Sandsegge, Kiefern und Birken leben hier einträchtig auf dem nährstoffarmen Boden – ein eindrucksvolles Landschaftsbild, karg nur auf den ersten Blick. An einem warmen Sommermittag im späten Mai sind hier nur die Bienen zu hören …

Wer nicht dem Radweg folgt, sondern durch den Ort fährt, passiert im Ortskern das Holmer Heimatmuseum mit Ausstellungsstücken zur Geschichte von Landwirtschaft und Bauernkultur; es öffnet seine Türen aber nur an Wochenenden.

VON ITZEHOE AN DIE ELBE

In den Holmer Sandbergen: Das größte der drei Dünenfelder ist das östliche, das am einfachsten von der L 105 (der Straße von Pinneberg nach Wedel) zu erreichen ist; die Zufahrt zum Parkplatz liegt gegenüber der Straßeneinmündung Fährenkamp.

Kiefern, Birken und Silbergras beherrschen auch den Rand des kleinsten Dünenfeldes der Holmer Sandberge, am besten zu erreichen von der Gemeinde Holm her über den Katastrophenweg.

DER ALTE OCHSENWEG

„... AN EINEM SEHR GESUNDEN VND LUSTIGEN ORTE ..."

Wenn wir der Hatzburgtwiete bis ans Ende folgen, stoßen wir auf das Gelände der mittelalterlichen Hatzburg, einer mehrstöckigen Turmhügelburg. Diese Visualisierung, aufgestellt mit dem Blick über den historischen Standort in den Marschwiesen, wurde nach den Ergebnissen der Ausgrabung 1987/88 erarbeitet. Im 17. Jahrhundert verlor die Burg ihre Bedeutung als Verwaltungssitz.

Wenn wir genau hinsehen, entdecken wir auf Freses „Landtafel" von 1588 zwei kleine Fährprahme vor der Mündung der Wedeler Au („De Owe"). Die spätmittelalterliche Hatzburg („Hatzeburch") hat er auch eingezeichnet: unmittelbar vor dem Abhang der Geest in die Marsch, was der örtlichen Situation bemerkenswert genau entspricht!

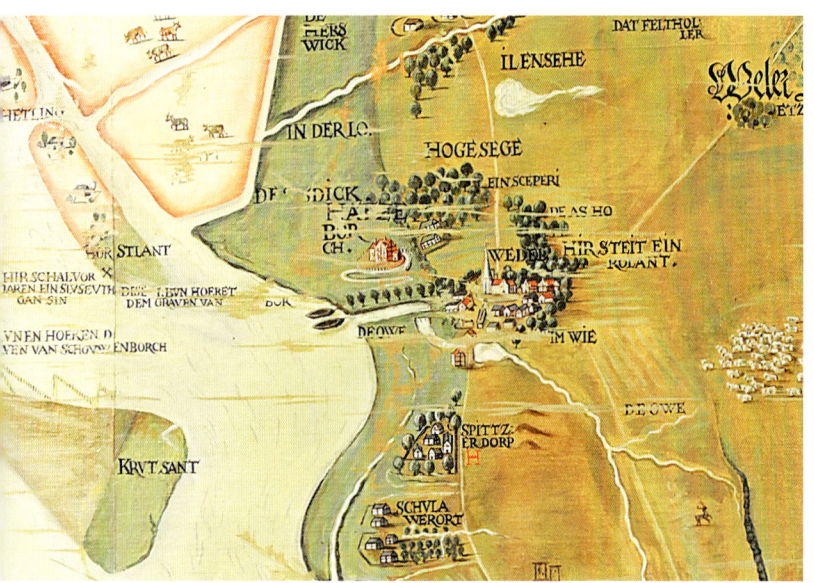

Über Ehnboom- und Aschhoopstwiete führt der Radweg zurück zur B 431, überquert sie nahe der Ortsgrenze von Wedel[69] und verläuft dann von der Hatzburgtwiete an durch ein unmittelbar auf dem Abhang von der Geest zur Marsch errichtetes Wohngebiet hinunter in die Marsch. Zwischen Apfelkulturen, Kirschbäumen, Erdbeerfeldern und Wiesen hindurch und an zahllosen Kopfweiden entlang führt der Weg zum Fährmannssand.

Ob die Fährstelle für die Verschiffung der Ochsen über die Elbe tatsächlich hier lag oder doch ein Stück weiter elbaufwärts, näher an den Stockwiesen, auf denen sich die Verkaufsverhandlungen im Wesentlichen abgespielt haben, hat die lokale Forschung noch nicht zweifelsfrei ermitteln können. Tatsächlich spricht einiges für den Fährmannssand: In einer „Marcktordnung" des schon erwähnten Grafen Ernst aus dem Jahr 1604 ist von Fährprahmen auf der Winterhorst die Rede und aus alten Karten ergibt sich diese Flurbezeichnung für das Gebiet um den Fährmannssand; noch heute wird die Flur als Winterros bezeichnet.

---

69 Die Formulierung von „... einem sehr gesunden vnd lustigen Orte" Wedel bei Johann Rist: Kriegs- und Friedensspiegel ... [1640]. (2017), S. 576.

"... AN EINEM SEHR GESUNDEN VND LUSTIGEN ORTE ..."

Zu unserer gründlichen Verwirrung gab es im frühen 17. Jahrhundert, also zur Hoch-Zeit der Ochsentriften, andererseits den Fährhof in Wedel, eine Bauernstelle mit Fährgerechtigkeit und der Lizenz zum Ausschank;[70] weil der aber weit entfernt von der Elbe lag und sich der Name nur auf das Recht seines Besitzers, eine Fähre zu unterhalten, bezieht, ist vom Fährmannssand auszugehen.

Von hier aus ist es nicht mehr weit zum Endpunkt unserer Erkundungen. Der offizielle Radweg führt am Deich entlang und dann nach einem scharfen Knick nordwärts hinauf in die Altstadt von Wedel; zum empfehlen ist aber auch hier wieder, von der offiziellen Route abzuweichen und den Weg durch die Obstfelder zu wählen: weil wir damit zugleich an den Wiesen entlangfahren, die zu den Schauplätzen der Vieh-Verkäufe vor 450 Jahren gehören. Die Straßenbrücke, die von Süden her gewissermaßen das Eingangstor in die Altstadt darstellt, heißt Stockbrücke – und das ist tatsächlich ein alter Name, denn er taucht schon in einer Urkunde aus dem Jahre 1603 auf. In ihr bestätigen die Grafen Schauenburg die dauerhafte Überlassung der Wiesen am Stock (als Lagerplatz der Ochsen) an das Örtchen Wedel.[71]

Wir können uns das Treiben, von dem Wedel alljährlich im April mit der Ankunft der Triften erfüllt war, gar nicht bunt und laut genug vorstellen. Zu Zeiten werden mehrere tausend Tiere auf den Wiesen am Stock gestanden haben, begleitet von den Händlern, den Treibern und den Hütejungen, begutachtet von den Aufkäufern, die von jenseits der Elbe, aus Westfalen, dem

---

70 An der heutigen Rolandstraße. Vgl.: Adolf Ladiges: Die 500jährige Geschichte des Fährhofes zu Wedel. In: Jahrbuch für den Kreis Pinneberg 1980, S. 75–86.
71 Beide erwähnten Urkunden abschriftlich im Stadtarchiv Wedel, Akten 105.6 und 1052.9.

Der Roland von 1558, genau genommen ein Kaiser-Standbild, wurde zuletzt 2012 renoviert ... und nie hatte er blauere Augen.

Rheinland und sogar aus den Niederlanden nach Wedel gekommen waren.

Die Bauern des Örtchens haben im späten März und im April gute Geschäfte als Quartiergeber und Teilzeit-Gastwirte gemacht. Wie ein Strafen-Register des Amtes Hatzburg aus dem Jahr 1601 verrät, sind die Menschen in diesen harten Zeiten Anfang des 17. Jahrhunderts nicht eben zimperlich miteinander umgegangen. In zeittypisch farbiger Sprache berichtet das Register von der Ausübung der sozialen Kompetenz (samt verhängter Geldstrafen):[72]

... *Johann Struckmann zu Wedell hat Otto Diedrichs Nase und maull entzwey geschlagen ... 6 Mk, Friedrich Soest zu Wedell hat unter der Predigt gekrüget ... 6 Mk, Hans Dietrichs zu Wedell hat sich in der Kirchen nicht wollen wegen begangener mißhandlung diszipliniren laßen, sondern ist für entsagung des heiligen Nachtmahls auß der Kirchen gelauffen, und hat also ein ergerlich exempell gegeben ... 206 Mark 4 Schilling ...*

... und zu Markt-Zeiten wird es manche zusätzliche Rauferei um Geld und Ehre gegeben haben. So viel zu Johann Rists „sehr gesunde[m] vnd lustigen Orte ..."

An diese Zeiten erinnern in Wedel heute nur noch der Roland im Kern der Altstadt und – unweit davon – ein ursprünglich als Brunnen gedachtes Denkmal mit einer Marktszene zwischen Verkäufer und Käufer, beobachtet von einem Ochsen. Wann genau erstmals ein Roland – als ein Symbol für Marktrecht und Marktgerechtigkeit – errichtet wird, lässt sich nicht sagen; das heutige Standbild, etwa 4,50 Meter groß und deutlich weniger übersehbar als sein Bramstedter Bruder, wird auf das Jahr 1558

---

72 Vgl.: Stadtarchiv Wedel, Akte 108.5. Mk steht für Mark.

Seit 1982 erinnert diese kleine Viehhandels-Szene, geschaffen vom Bildhauer Egon Lissow, nahe beim Roland an die jahrhundertelange Tradition der Ochsenmärkte in Wedel.

Noch in den 1980er Jahren gab es Auftriebe von alljährlich etwa 150 Tieren; in der Regel handelte es sich in dieser Zeit aber um Färsen, eher selten um Ochsen.

datiert; aber auch hier geht die lokale Forschung davon aus, dass es schon vorher einen hölzernen Roland gegeben hat.

Der lange traditionsbewusst in der dritten April-Woche veranstaltete Viehauftrieb ist seit einigen Jahren aus diversen Gründen Geschichte: weil es sich für die Händler längst nicht mehr lohnt, weil zu viele behördliche Auflagen beachtet werden müssen sind und weil seit der Jahrtausendwende Vieh-Seuchen mehrmals die Tradition rüde unterbrochen haben.

Ausklingen lassen können wir unsere Radtour mit einer Erkundung des Regionalparks Wedeler Au, dessen Rad- und Wanderwege uns ein Stückchen nach Hamburg hinein bringen. Der ideale Startpunkt dafür ist der Auweidenweg, der hinter dem S-Bahnhof in Wedel beginnt.

Eine andere Möglichkeit, unsere Expedition abzurunden, ist ein Spaziergang auf dem Elbwanderweg: Der Hochuferweg am Rande des einstigen Elbe-Urstromtals und direkt am heutigen Fluss-Ufer entlang führt mit kleinen Unterbrechungen vom Schulauer Hafen bis nach Övelgönne kurz vor Hamburg-Altona.

Achtung, Radfahrer: Zwischen Wedel und Hamburg-Rissen sind Fahrräder auf dem Elbwanderweg aus gutem Grund nicht erlaubt! Es empfiehlt sich, die Räder in der Nähe des Schulauer Hafens abzustellen und den Weg bis zum Kraftwerk an der Grenze zu Hamburg gemächlich zu Fuß zu entdecken. Im weiteren Verlauf des Weges sind dann auch Fahrräder erlaubt.

LITERATURHINWEISE

Ochsenweg

Asmus, Walter: Ochsenweg. In: [Das neue] Schleswig-Holstein Lexikon. Hg. v. Klaus-Joachim Lorenzen-Schmidt u. Orwin Pelc. 2. Aufl. [Neumünster:] Wachholtz 2006, S. 445.
Dreyer-Eimbcke, Erika: Der Ochsenweg. In: Dies.: Alte Straßen im Herzen Europas. Könige, Kaufleute, fahrendes Volk. Frankfurt/M.: Umschau 1989, S. 77–89.
Hill, Thomas: „durch etzliche Gebüsch, sandicht und morastichte einöder Länder" – Zum Reisen auf dem Heer- bzw. Ochsenweg in der Frühen Neuzeit. In: Zeitschrift der Gesellschaft für Schleswig-Holsteinische Geschichte 122 (1997), S. 322–347.
Hill, Thomas: Der Ochsenweg. Zur Konstruktion regionaler historischer Identität. In: Nordlichter. Geschichtsbewußtsein und Geschichtsmythen nördlich der Elbe. Hg. v. Bea Lundt. Köln u.a.: Böhlau 2004 (= Beiträge zur Geschichtskultur, 27), S. 47–65.
Hill, Thomas, Bernd Zich u.a.: Von Wegen. Auf den Spuren des Ochsenwegs (Heerweg) zwischen dänischer Grenze und Eider. Hg. von der Arbeitsgemeinschaft Ochsenweg e.V. Flensburg: Universität Flensburg 2002 (= Flensburger Regionale Studien, 12).
Kardel, Harboe: Nordschleswigs Ochsenwege. In: Das Nordschleswig-Buch. Erzählungen und Gestalten eines Grenzlandes. Hg. v. Harboe Kardel. Flensburg: Verlag Heimat und Erbe 1938, S. 100f.
Lubowitz, Frank: Der Heer- oder Ochsenweg durch Nordschleswig. In: Nordschleswig. Landschaft, Menschen, Kultur. Hg. v. Gerd Stolz u. Günter Weitling für den Bund deutscher Nordschleswiger. Husum: Husum Druck- und Verlagsgesellschaft 1995, S. 32–37.
Lund, Christian M.: Der Heerweg von Viborg bis zur Eider. In: Die Heimat 46 (1936), S. 107–115.
Matthiessen, Hugo: Haervejen. En tusindaarig Vej fra Viborg til Danevirke. Kopenhagen: Gyldendal 1930.
Pieplow, Jürgen: Von Jütland an die Elbe. Reiseskizzen entlang alter Heer- und Ochsenwege. Neumünster: Wachholtz 1983.
Zich, Bernd: Ochsenweg/Hærvejen – Nordeuropas kulturhistorische Wirbelsäule. In: Wege als Ziel. Kolloquium zur Wegeforschung. [Red.: Benedikt Knoche] Münster: Aschendorff 2002, S. 67–86 (= Veröffentlichungen der Altertumskommission für Westfalen, XIII).

Geschichte (inkl. Orte und Städte am Weg)

Adam von Bremen: Hamburgische Kirchengeschichte. Nach der Ausgabe der Monumenta Germaniae ... Mit einem Vorworte von J. M. Lappenberg. 2. Aufl. Neu bearb. v. W. Wattenbach. Leipzig: Dyk 1893 (= Die Geschichtsschreiber der deutschen Vorzeit. 11. Jh. Band VI).

Ahrens, Claus: Vorgeschichte des Kreises Pinneberg und der Insel Helgoland. Neumünster: Wachholtz 1966 (= Veröffentlichungen des Landesamtes für Vor- und Frühgeschichte in Schleswig, VII).
Brandt, Heidger: Haithabu und die großen dänischen Ringburgen. Analysen und Antworten zu den offenen Fragen der dänischen und schleswig-holsteinischen Geschichte des 10. Jahrhunderts. Norderstedt: BoD 2004.
Busche, Ernst: Flecken und Kirchspiel Neumünster. Ein Beitrag zur Sozial-, Wirtschafts- und Verwaltungsgeschichte Mittelholsteins bis zur Mitte des 18. Jahrhunderts. Neumünster: Wachholtz 1968; Hamburg 1969.
Der nationale Gegensatz. 1800–1864. [Quellenheft] Erarbeitet von Henrik Fangel u.a. Hg. v. Institut für Regionale Forschung und Information im Deutschen Grenzverein e.V. Flensburg: [o.V.] 1984.
Detlefsen, Detlef: Geschichte der holsteinischen Elbmarschen. Bd. 2: Von dem Übergange der Marschen an die Könige von Dänemark, 1460, bis zur Gegenwart. Glückstadt: [Selbstverlag] 1892.
Dössel, Hans (Hg.): Stadt und Kirchspiel Barmstedt. Eine geschichtliche Schau. III. Heft: Verwaltung, Märkte ... Barmstedt: Prange o.J. [1936/39].
Dössel, Hans: Barmstedt: Geschichtliche Schau. Mit Beiträgen v. Dr. Helmut Wulf u.a. Hg. v. der Stadt Barmstedt. Husum: Husum Druck- und Verlagsgesellschaft 1988.
Dürkob, Carsten: Wedel. Eine Stadtgeschichte. Pinneberg: A. Beig 2000.
Ehlers, Wilhelm: Geschichte und Volkskunde des Kreises Pinneberg. Elmshorn 1922.
Ehlers, Wilhelm, u. Wilhelm Arens: Aus Schleswig-Holsteins Vergangenheit. Erzählungen und Quellen zur Landesgeschichte. Hg. v. Wilhelm Ehlers u. Wilhelm Arens. Teil II: Von der Reformation bis zur Gegenwart. Braunschweig u.a.: Westermann 1954 [S. 31–33: Der Ochsenmarkt zu Wedel um 1600.]
Freytag, Erwin: Aus der Chronik des Kirchspiels Sieverstedt. Ein Beitrag zur Geschichte der Uggelharde. Sieverstedt: [Sonderveröffentlichung des Angler Heimatvereins] 1951.
Hansen, Astrid: Flensburg. Kleine Stadtgeschichte. Regensburg: Pustet 2020.
Harbeck, Hans Hinrich: Chronik von Bramstedt. Hamburg: Broschek 1959.
Heinrich Rantzau (1526–1598). Königlicher Statthalter in Schleswig und Holstein. Ein Humanist beschreibt sein Land. [Ausstellungskatalog] Schleswig: Landesarchiv Schleswig-Holstein 1999 (= Veröffentlichungen des Schleswig-Holsteinischen Landesarchivs, 64).
Hingst, Hans: Jevenstedt. Ein Urnenfriedhof der älteren vorrömischen Eisenzeit im Kreise Rendsburg-Eckernförde, Holstein. Neumünster: Wachholtz 1974 (= Untersuchungen aus dem Schleswig-Holsteinischen Landesmuseum ... N.F. 27, Urnenfriedhöfe Schleswig-Holsteins, Bd. 4).

Hoop, Edward: Rendsburg: „Wenn Steine reden ..." [O.O.]: Schleswiger Druck- und Verlagshaus 2005.

Industriekultur in Neumünster. Das „Manchester Holsteins" im 19. Jahrhundert. Hg. v. Alfred Heggen u. Klaus Tidow. Neumünster: Wachholtz 1988.

Kersten, Karl: Zum Problem der ur- und frühgeschichtlichen Wege in Nordwestdeutschland. In: Festschrift für Gustav Schwantes. Hg. v. Karl Kersten. Neumünster: Wachholtz 1951, S. 136–141.

Kraack, Gerhard: Flensburg in der frühen Neuzeit 1517–1721. In: 700 Jahre Stadt Flensburg. 1284–1984. Eine kleine Stadtgeschichte ... Flensburg: [o.V.] 1984, S. 42–81 (= Kleine Reihe der Gesellschaft für Flensburger Stadtgeschichte, 11).

Krause, Hans: Geschichte des Kirchspiels Kropp in Schleswig. Ein Heimatbuch. Rendsburg: Möller 1938.

Laur, Wolfgang: Die Ortsnamen im Kreise Pinneberg. Neumünster: Wachholtz 1978.

Loewe, Gudrun: Kreis Schleswig (seit 1974 Kreis Schleswig-Flensburg). Neumünster: Wachholtz 1998 (= Veröffentlichungen des Archäologischen Landesamtes ...: Archäologische Denkmäler Schleswig-Holsteins, Bd. VIII).

Müller, Sophus: Nordische Altertumskunde nach Funden und Denkmalen aus Dänemark und Schleswig. Gemeinfasslich dargestellt ... 1. Bd.: Steinzeit – Bronzezeit. Strassburg: Trübner 1897.

Das Neumünster-Buch. Eine Stadtgeschichte in Wort und Bild. Hg. v. Irmtraut Engling. Neumünster: Wachholtz 1985.

Radtke, Christian: Schleswig im 16. bis 18. Jahrhundert. Aspekte eines komplizierten Stadtgebildes. In: Gründung und Bedeutung kleinerer Städte im nördlichen Europa der frühen Neuzeit. Hg. v. Antoni Mączak u. Christopher Smout. Wiesbaden: Harassowitz 1991, S. 181–192 (= Wolfenbütteler Forschungen, 47).

Radtke, Michael: Schleswig und sein St.-Johannis-Kloster. Erkundungen in Geschichte und Geschichten. Heide: Boyens 2020.

Rantzau, Heinrich: Neue Beschreibung der Kimbrischen Halbinsel ... [1597] In: Heinrich Rantzau (1526–1598). Statthalter in Schleswig und Holstein. Ein Humanist beschreibt sein Land. [Ausstellungskatalog] Schleswig: Landesarchiv Schleswig-Holstein 1999 (= Veröffentlichungen des Schleswig-Holsteinischen Landesarchivs, 64).

Rathjen, Jörg: Schleswig im Spätmittelalter. 1250–1544. Unter Mitw. v. Hans Wilhelm Schwarz. Husum: Husum Druck- und Verlagsgesellschaft 2005.

Röschmann, Jakob: Vorgeschichte des Kreises Flensburg. Neumünster: Wachholtz 1963 (= Die vor- und frühgeschichtlichen Denkmäler und Funde in Schleswig-Holstein, VI).

Röstermundt, Max: Bad Bramstedt. Der Roland und seine Welt. Neumünster: Wachholtz 1952.

Röstermundt, Max: Vom Roland in Bad Bramstedt. In: Die Heimat 40 (1930), S. 173–179.

Schwennicke, Friedrich: Die holsteinischen Elbmarschen vor und nach dem Dreißigjährigen Kriege. Leipzig: Haessel 1914 (= Quellen und Forschungen zur Geschichte Schleswig-Holsteins, 1).

Söth, Olaf: Der Osterwall als Teil des Danewerks. Ehemalige Lage des Osterwalls. In: Jahrbuch Heimatgemeinschaft Eckernförde 2018, S. 103–116.

Ullemeyer, Rudolf: Neumünster. Die Stadt-Geschichte von 1127–2000. Überarb. u. erg. v. Alfred Heggen, Peter Schuster, Klaus Tidow. Neumünster: Leuschner o.J. [2000].

Wenners, Peter: Schleswig-Holstein und Dänemark. Geschichte im Spiegel der Literatur. Heide: Boyens 2019.

Wirtschaftsgeschichte (inkl. Ochsenhandel)

Abel, Wilhelm: Agrarkrisen und Agrarkonjunktur. Eine Geschichte der Land- und Ernährungswirtschaft Mitteleuropas seit dem hohen Mittelalter. 3., neubearb. Aufl. Hamburg u.a.: Parey 1978.

Achelis, Thomas Otto: Aus der Geschichte des jütischen Ochsenhandels. In: Zeitschrift der Gesellschaft für Schleswig-Holsteinische Geschichte 60 (1931), S. 173–212.

Arnim, Volkmar von: Krisen und Konjunkturen der Landwirtschaft in Schleswig-Holstein vom 16. bis zum 18. Jahrhundert. Neumünster: Wachholtz 1957 (= Quellen und Forschungen zur Geschichte Schleswig-Holsteins, 35).

Brinkmann, Rud.[olf]: Der Ochsenmarkt in Wedel und das Gericht der Ochsenhändler vor dem Roland daselbst. In: Jahrbücher für die Landeskunde der Herzogthümer Schleswig, Holstein und Lauenburg 4 (1861), S. 34–40.

Ehlers, Detlev: Um den Ochsenzoll vor Hamburg. In: Jahrbuch für den Kreis Pinneberg 1967, S. 127–131.

Hennigs, Burkhard von, und Heinrich Kautzky: Die Chaussee Altona – Kiel. Die erste Kunststraße in Schleswig-Holstein. Kiel: Ludwig 2015 (= Beiträge zur Denkmalpflege in Schleswig-Holstein, 4).

Industriekultur in Neumünster. Das „Manchester Holsteins" im 19. Jahrhundert. Hg. v. Alfred Heggen u. Klaus Tidow. Neumünster: Wachholtz 1988.

Kock, Otto: Die erste Kunststraße in Schleswig-Holstein. In: Die Heimat 46 (1936), S. 116–119.

Kraack, Gerhard: Der Schrangen am Nordermarkt. In: Flensburg um 1600. Ausgewählte Beiträge. Hg. v. Broder Schwensen. Flensburg: Gesellschaft für Flensburger Stadtgeschichte 2006, S. 235–260.

Ladewig Petersen, Erling: Production and Trade in Oxen 1450–1750: Denmark. In: Internationaler Ochsenhandel (1350–1750). Akten des 7th International Economic History Congress. Eingel. [...] u. hg. v. Ekkehard Westermann. Stuttgart: Klett-Cotta 1979, S. 137–170 (= Beiträge zur Wirtschaftsgeschichte, 9).

Lerner, Franz: Die Bedeutung des internationalen Ochsenhandels für die Fleischversorgung deutscher Städte im Spätmittelalter und der frühen Neuzeit. In: Internationaler Ochsenhandel (1350–1750). Akten des 7th International Economic History Congress. Eingel. […] u. hg. v. Ekkehard Westermann. Stuttgart: Klett-Cotta 1979, S. 197–217 (= Beiträge zur Wirtschaftsgeschichte, 9).

Poulsen, Bjørn: Land – By – Marked. To økonomiske landskaber i 1400-tallets Slesvig. Flensborg: Studieafdelingen ved Dansk Centralbibliotek for Sydslesvig 1988 [dt. Zusammenfassung S. 217–222].

Rachau, Jens-Peter: Der Rinder- und Ochsenhandel an der westlichen Nordseeküste im 18. und 19. Jahrhundert. Husum: Husum Druck- und Verlagsgesellschaft 2011.

Riis, Thomas: Wirtschafts- und Sozialgeschichte Schleswig-Holsteins. Leben und Arbeiten in Schleswig-Holstein vor 1800. Kiel: Ludwig 2009 (= geist + wissen, 2).

Röhr, Hanswerner: Der deutsch-dänische Viehhandel lebte vom Vertrauen. Unter: www.yumpu.com/de/document/read/21811233/der-deutsch-danische-viehhandel-lebte-vom-vertrauen-husum- [Zugriff vom 16.01.2020]

Röschmann, Jakob: Die Entwicklung des Wegenetzes im östlichen Mittelschleswig. In: Jahrbuch für die Schleswigsche Geest 2 (1954), S. 6–22. [S. 12f.: „Der östliche Heerweg und der Ochsenweg"]

Schrecker, Gertrud: Das spätmittelalterliche Straßennetz in Holstein und Lauenburg. In: Zeitschrift der Gesellschaft für Schleswig-Holsteinische Geschichte 61 (1933), S. 17–109, u. 63 (1935), S. 104–161.

Statistik des Handels, der Schiffahrt und der Industrie der Herzogthümer Schleswig und Holstein ... Schleswig: Taubstummen-Institut 1835.

Wiese, Heinz: Der Rinderhandel im nordwesteuropäischen Küstengebiet vom 15. Jahrhundert bis zum Beginn des 19. Jahrhunderts. [Diss.] Göttingen 1963.

Wiese, Heinz, und J. Bölts: Rinderhandel und Rinderhaltung im nordwesteuropäischen Küstengebiet vom 15. bis zum 19. Jahrhundert. Stuttgart: G. Fischer 1966. [S. 1–129: geringfügig ergänzte Fassung der Diss. von Wiese (1963)]

Kulturgeschichte

Dethleffsen, Hans: Ein alter Heerweg und sein Aquavit. In: Nordschleswig. Landschaft, Menschen, Kultur. Hg. v. Gerd Stolz u. Günter Weitling für den Bund deutscher Nordschleswiger. Husum: Husum Druck- und Verlagsgesellschaft 1995, S. 176–179.

Dürkob, Carsten: „Der Nicht-Erfüllung schattenvoller Kranz." Leben, Werk und literaturgeschichtlicher Ort des Prinzen Emil von Schoenaich-Carolath (1852–1908). Oldenburg: Igel 1998 (= Literatur- und Medienwissenschaft, 65).

Lappenberg, Johann Martin: Die Elbkarte des Melchior Lorichs vom Jahre 1568. Hamburg: [o.V.] 1847.

Meyn, Doris: Daniel Freses „Landtafel" der Grafschaft Holstein (Pinneberg) aus dem Jahre 1588. In: Die Heimat 70 (1963), S. 301–312.

Ohler, Norbert: Pilgerleben im Mittelalter. Zwischen Andacht und Abenteuer. Freiburg u.a.: Herder 1994.

Petersen, Lorenz: Daniel Freses „Landtafel" der Grafschaft Holstein (Pinneberg) aus dem Jahre 1588. In: Zeitschrift der Gesellschaft für Schleswig-Holsteinische Geschichte 70/71 (1943), S. 224–246.

Rempel, Hans: Die Rolandstatuen. Herkunft und geschichtliche Wandlung. Darmstadt: Wissenschaftliche Buchgesellschaft 1989.

Sagen, Märchen und Lieder der Herzogtümer Schleswig, Holstein und Lauenburg. Hg. v. Karl [Viktor] Müllenhoff. [1845] Neue Ausg. besorgt v. Otto Mensing. Schleswig: Bergas 1921.

Steinmetz, Wiebke: Heinrich Rantzau (1526–1598). Ein Vertreter des Humanismus in Nordeuropa und seine Wirkungen als Förderer der Künste. Teil 1. Frankfurt/M. u.a.: Lang 1991 (= Europäische Hochschulschriften, Reihe XXVIII, Bd. 125).

Strelow, Jutta: Die ersten kartographischen Darstellungen von Wedel im 16. und 17. Jahrhundert. In: Schriften des Arbeitskreises für naturwissenschaftliche Heimatforschung in Wedel/H.[olstein] 13 (1977), S. 1–34.

Wilde, Lutz, u. Gert Kaster: Stadt Neumünster. Neumünster: Wachholtz 2006 (= Kulturdenkmale in Schleswig-Holstein, Bd. 3).

Willroth, Karl-Heinz: Landwege auf der cimbrischen Halbinsel aus der Sicht der Archäologie. In: Siedlungsforschung 4 (1986), S. 9–44.

Zich, Bernd: Die Megalithgräber in Munkwolstrup. Kulturdenkmal – Forschungsobjekt – Erinnerungsort. In: Nordlichter. Geschichtsbewußtsein und Geschichtsmythen nördlich der Elbe. Hg. v. Bea Lundt. Köln u.a.: Böhlau 1994, S. 29–46 (= Beiträge zur Geschichtskultur, 27).

Journalistisches; Touristisches

[anon.(NDR)]: Radeln auf der Spur der Ochsen. Unter: www.ndr.de/ratgeber/reise/radtouren/Radeln-auf-der-Spur-der-Ochsen,ochsenweg100.html [Zugriff vom 19.01.2020].

Clasen, Alf: Welterbe – und was nun? In: Zeitungen der sh:z-Gruppe v. 7. Januar 2019.

Dürkob, Carsten: Seit 450 Jahren Wedeler Roland: Den alten Mann heimlich belauscht. In: Wedel-Schulauer Tageblatt Nr. 122 v. 27. Mai 2008, S. 2.

Schartl, Matthias, u.a.: Freizeit & Kultur in der Schlei- und Förderegion Schleswig-Flensburg. Schleswig: Schleswiger Druck- und Verlagshaus 2007.

Thieme, Tobias: Mit Navi über den Ochsenweg. In: Wedel-Schulauer Tageblatt Nr. 13 v. 16. Januar 2014, S. 9.

Varia (inkl. Belletristisches)

Brockes, Barthold Heinrich: Der Strand der Elbe im Winter 1740. In: Ders.: Land-Leben in Ritzebüttel als des

Irdischen Vergnügens in Gott 7. Teil. [= Fotomech. Nachdruck der Ausg.: Hamburg: Herold 1743] Bern: Lang 1970, S. 604–607.

Erdmann-Degenhardt, Antje, u. Reinhold Möller: Neumünster. Ein Lesebuch. Die Stadt Neumünster in Erzählungen ... Husum: Husum Druck- und Verlangsanstalt 1988 [S. 36: Jürgen Pieplow: „Eine Ochsentour" (Auszug aus: Ders.: „Von Jütland an die Elbe", s.o.)]

Macfarlane, Robert: The Old Ways. A Journey on Foot. London: Penguin 2012. [Über den Wert des langsamen Reisens auf alten Wegen am Beispiel von England]

Müllenmeister, Horst Martin: Geschichte und Tourismus. In: Historische Faszination. Geschichtskultur heute. Hg. v. Klaus Füßmann, Heinrich Theodor Grütter u. Jörn Rüsen. Köln u.a.: Böhlau 1994, S. 249–265.

Rist, Johann: Kriegs vnd Friedens Spiegel. Das ist: Christliche, Teutsche und wolgemeinte Erinnerung ... Hamburg: Rebenlein 1640. Neuerdings in: Ders.: Sämtliche Werke 3: Dichtungen 1634–1642. Hg. v. Alfred Noe u. Hans-Gert Roloff. Berlin u.a.: DeGruyter 2017, S. 471–578.

Schoenaich-Carolath, Emil Prinz von: Gedichte. 1878–1908. Mit einem Nachwort hg. v. Carsten Dürkob. Paderborn: Igel Verlag Literatur 1997 (= Ausgewählte Werke, 2).

Sessel-Reise: wichtige Internet-Adressen

Hier fassen wir eine Auswahl der wichtigsten Internet-Adressen zusammen (die wir teilweise auch schon in den Fußnoten erwähnt hatten). Die Seiten helfen sowohl bei der Reise-Vorbereitung als auch unterwegs:

www.geschichte-s-h.de [Seite der Gesellschaft für Schleswig-Holsteinische Geschichte; Unterseiten im alphabetischen Teil teilweise nicht auf dem neuesten Stand!]

Von Hadersleben bis zum Danewerk

www.visitsonderborg.de/sonderborg/erlebnisse/gendarmenpfad-84-km-qualitaet-wanderweg
www.flensburg.de/Kultur-Bildung/Kultureinrichtungen/
www.kultur-schleswig-flensburg.de [Seite der Kulturstiftung des Kreises Schleswig-Flensburg]
www.arnkiel-park.de [über die Ausgrabungen von Munkwolstrup]
www.oberetreenelandschaft.de/seite/105382/wanderwege.html [Wanderwege um Oeversee]
www.museen-sh.de/museum/DE-MUS-069118 [über die Idstedthalle]
www.haithabu-danewerk.de [Seite von „Danewerk/Haithabu e.V." und Welterbebüro]
www.haithabu.de [Seite des Landesmuseums Schleswig-Holstein]
www.danevirkemuseum.de

Von Schleswig bis Bad Bramstedt

www.wikingerstadt-schleswig.de/stadtportal#
www.landesmuseen.sh [Seite zu Schloss Gottorf und anderen Häusern]
www.st-johannis-kloster.de [Schleswig, Am St. Johanniskloster]
www.eider-treene-sorge.de [Seite der „Eider-Treene-Sorge GmbH" in Erfde-Bargen]
www.naturpark-huettenerberge.de [über die Hüttener Berge zwischen A7 und Eckernförde]
www.rendsburg.de/startseite.html
www.rendsburger-stadt-und-kreisgeschichte.de
www.jmrd.de [Jüdisches Museum auf der Seite des Landesmuseums Schleswig-Holstein]
www.naturpark-aukrug.com
www.bordesholmer-land.de [über die Umgebung von Bordesholm]
www.dosenmoor.eu [über das NSG Dosenmoor nördlich von Neumünster]
www.tuchundtechnik.de [„Textilmuseum Tuch+Technik" in Neumünster, Kleinflecken 1]

Von Bad Bramstedt bis zur Elbe

www.heimatverein-kreis-segeberg.de
www.holstein-tourismus.de/de/startseite.html
www.aktivregion-holsteinerauenland.de
www.heimatverband-kreis-pinneberg.de
www.industriemuseum-elmshorn.de
www.arboretum-ellerhoop.de [über den Garten/Baumpark nahe Tornesch]
www.langes-tannen-uetersen.de [Museum Langes Tannen in Uetersen]
www.amt-geest-und-marsch-suedholstein.de/institution/holm/heimatmuseum-holm
www.regionalpark-wedeler-au.de [Regionalpark zwischen Hamburger Geest und Elbe]

Wochenmärkte (alphabetisch)

Bad Bramstedt: sonnabends auf dem Bleek (vor dem Roland)
Barmstedt: donnerstags vor dem Rathaus
Flensburg: mittwochs und sonnabends auf dem Südermarkt
Hohenwestedt: donnerstags; Wilhelmstraße
Kropp: freitags auf dem Marktplatz, Am Markt
Neumünster: dienstags und freitags auf dem Großflecken
Nortorf: mittwochs und sonnabends auf dem Marktplatz (an der Kirche)
Rendsburg: mittwochs und sonnabends auf dem Paradeplatz
Schleswig: sonnabends auf dem Stadtfeld
Uetersen: freitags auf dem Marktplatz, Am Markt

BILDNACHWEIS

Alle Fotos vom Autor. Abbildungen auf den Seiten 14, 16, 55, 68, 104 und 119: wikipedia. Abbildung auf Seite 28 aus: Achelis (1931), zwischen den Seiten 176 und 177.
Karten-Ausschnitte Seiten 128 und 162: Stiftung Historische Museen Hamburg, Altonaer Museum, Inv.-Nr. 1952-43; Fotos: Elke Schneider.
Karten (Seiten 28, 48, 68, 80, 94, 98, 102, 122, 142, 146, 156 und 164): Landesamt für Vermessung und Geoinformation Schleswig-Holstein, Dezernat 12.

VIELFACHEN DANK ...

... statte ich gern den Menschen ab, die mir auf dem Weg auf die eine oder andere Weise geholfen haben. Von den vielen seien genannt:

Alexandra Jahn vom LVermGeo, Kiel, für ihre Unterstützung
Dr. Carsten Obst, Leiter des Stadtarchivs Neumünster
Elke Schneider, Altonaer Museum in der Stiftung Historische Museen Hamburg, für die unkomplizierte Hilfe bei den Fotos von Daniel Freses „Landtafel"
Dr. Frank Schoppa, Geschäftsführer des schleswig-holsteinischen Landesverbandes im Bundesverband deutscher Baumschulen e.V.

ORTSREGISTER

Aabenraa 14, 30, 31, 43
Aalborg 13 (Alaburg), 14
Albersdorf 139
Altona 134
Alveslohe 132
Assens 14

Bad Bramstedt 7, 14, 19, 25, 96, 99, 109, 111, 113, 115, 116–125, 126, 127, 128 (BU), 136 (BU), 165
Bække 14
Barkhorn 138 (BU)
Barmstedt 73, 132–135, 151
Bergenhusen 75, 77
Berlin 30
Bevern 137
Bilschau 42, 57, 100
Bishorst 157f.
Bokel (Kreis RE) 97
Bokel (Kreis PI) 97, 123, 130
Bommerlund 30, 31
Boostedt 109, 113, 116
Bordesholm 108
Bosau 50
Bov 31, 32
Brammer 97
Brammerhöh 96 (BU), 97
Brinjahe 140
Brokenlande 109, 113 (BU), 114, 115 (BU)
Brunsbüttel 92
Bückeburg 126
Bunge 77
Busdorf 74

Dannewerk 64, 70

Eckernförde 105
Ellerhoop 132, 137
Elmholz 53
Elmshorn 150f., 154

Flensburg 7, 8, 14, 29, 31, 32, 36–41, 49
Fockbek 86
Föhrden-Barl 123
Foldingbro 14, 29, 30
Fröruper Berge 46, 47, 49, 50
Fuhlendorf 115, 116

Gottorf 19
Großenaspe 109, 123
Großsolt 50

Haderslev 14, 29
Haithabu 15, 63, 64, 65, 71, 74, 75 (BU), 77, 91
Hamburg 16, 17, 25, 27, 117, 120, 126, 137, 166
Hardebek 115
Harrislee 41
Haselau 158 (BU), 159
Haseldorf 158f.
Heede 131 (BU), 132
Heidbunge 83 (BU), 84
Heidkaten 128, 129
Heidmoor 129, 131
Heist 155, 159
Hemdingen 137
Henstedt-Ulzburg 158 (BU)
Hobro 14
Hohenfelde 150
Hohenhorst 158
Hohenwestedt 96, 139, 140–144
Hollingstedt 15, 64, 65, 75–77, 91
Holm 160f.
Holstebro 14
Høruphav 35
Hovslund 29, 30
Hungriger Wolf 145
Hüsby 63, 64, 65
Husum 14, 104, 134, 139
Hüttener Berge 85 (BU), 86

Idstedt 56 (BU), 57, 58, 59, 64, 133
Idstedt-Kirche 56 (BU), 58, 59
Itzehoe 14, 19, 96, 118, 139, 145, 147–150, 154

Jagel 69, 78
Jahrsdorf 144
Jarplund 41
Jevenstedt 93, 95, 96, 97, 138f., 151

Kaltenkirchen 128, 130
Kattsheide 138 (BU)
Kellinghusen 96
Kiel 91, 92, 108, 117
Klein-Dannewerk 67 (BU)
Klevendeich 157
Kolding 29
Kopenhagen 89
Krittenburg 49
Krogaspe 100, 101 (BU), 104
Kropp 21, 78, 79, 81, 82 (BU), 84
Kurburg 75

Langeln 128, 131, 132, 135, 137
Legan 139
Lejrskov Hede 62

ORTSREGISTER

Lentföhrden 125, 127, 128, 129, 132, 135
Lintlo 126
Luhnstedt 96
Lübeck 16, 104, 117
Lunderskov 29
Lürschau 59 (BU), 60, 61, 62, 63, 70

Mielberg 79
Molfsee 77 (BU), 140 (BU)
Mönkloh 123, 129, 130
Moorrege 155
Munkwolstrup 43, 49

Neumünster 96, 100, 102, 103–108, 109, 111, 112, 113, 138
Niehuus 31, 32, 33, 34, 35
Nienkattbeker Schweiz 95, 96, 97
Nindorf 140
Nortorf 96 (BU), 97, 99

Oeversee 45, 47, 49, 57
Oksenvad 30
Osterrönfeld 92
Owschlag 86

Padborg 35
Padenstedt 110, 115
Pinneberg 137, 158
Plön 105
Poppholz 53, 54
Puls 123

Remmels 96, 140
Rendsburg 7, 14, 19, 83, 86–90, 91, 92, 95, 105
Ribe 14, 29
Riehlo 136 (BU)
Rom 23
Rønsdam 32

Sankelmark 41, 44, 45
Schirnau 128
Schleswig 10 (BU), 13 (Sliaswich), 14, 23, 49, 70–74, 83, 108, 132
Schmalfeld 127
Schöttelhörn 136 (BU)
Schuby 62, 63, 70

Schülp 93
Sieverstedt 49, 50, 51 (BU), 52 (BU), 59
Silkeborg 14
Simondys 31, 41
Skanderborg 14
Skodborg 30
Sorgbrück 82 (BU), 84
Sorgwohld 8 (BU), 85
Spannan 138 (BU), 139
Stafstedt 139
Steinburg 150
Stenderup 50, 51, 52, 54
Stenderupbusch 50, 53, 54
Stolkerfeld 53
Süderschmedeby 49, 50
Süderstapel 46
Sünderup 33

Tappendorf 140
Tarp 45, 50
Tastrup 49
Thienbüttel 97
Thiensen 137
Timmaspe 100
Tønder 14
Tönning 91, 92
Tornesch 137, 151

Uetersen 134, 137, 138, 139, 150, 151–154, 155

Vejen 29
Vejle 14, 27
Viborg 10 (BU), 13, 14, 15, 29
Vojens 30

Weddelbrook 123
Wedel 7, 8, 14, 17, 18, 19, 20, 21, 24, 27, 126, 162–166
Westerrönfeld 93, 95
Wiemersdorf 111, 115, 116
Wiesental 115 (BU)
Wilster 118
Wittorf 109, 110, 116
Wohlde 77

Zarskoje Selo 107

173

EBENFALLS IM BOYENS BUCHVERLAG ERSCHIENEN

Carsten Dürkob
Dithmarschen
Eine Einladung
2018. 152 Seiten, 152 Abbildungen,
gebunden
ISBN 978-3-8042-1496-5

EBENFALLS IM BOYENS BUCHVERLAG ERSCHIENEN

Carsten Dürkob
Heimat fühlen in Schleswig-Holstein
Raum – Zeit – Kultur - Alltag
2019. 160 Seiten, 44 Abbildungen,
gebunden
ISBN 978-3-8042-1520-7

AUTORENVITA

DR. CARSTEN DÜRKOB,

in Wedel geboren und zur Schule gegangen. Zum Studium (Germanistik und Amerikanistik) verbrachte er ein paar Jahre südlich der Elbe, kehrte nach der Promotion 1996 aber schnell zurück. Nach einem Volontariat beim A. Beig-Verlag als Journalist tätig, ab 2001 in der Öffentlichkeitsarbeit und seit 2021 als Redakteur tätig. Daneben vielfältige Arbeit als Buchautor zu lokalhistorischen und literaturwissenschaftlichen Themen und als Publizist.

Im Boyens Buchverlag erschien 2018 das Buch „Dithmarschen – Eine Einladung" und 2019 „Heimat fühlen in Schleswig-Holstein".